be happy

Catherine Solano

PSY, SEX & FUN

Illustrations de Serge Bloch

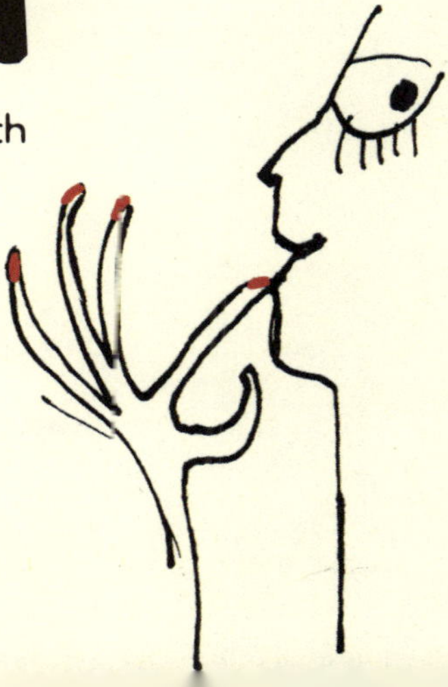

TORNADE

Direction de l'ouvrage : Pierre Varrod

Conception graphique : Aline Lefrère

ISBN : 978-2-35486-002-8 Dépôt légal : mai 2007

1

Réveils désirs, réveils plaisirs

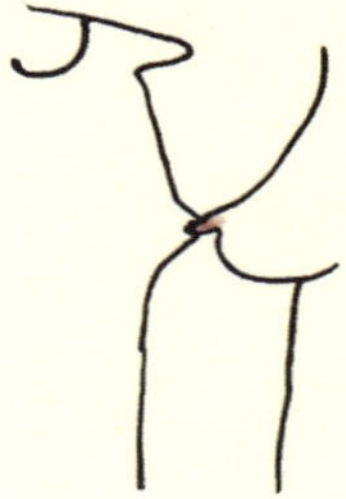

Devinette : Quelle est la différence entre des seins et un train électrique ?

Réponse : Il n'y a pas : les deux sont faits pour les enfants et ce sont les papas qui jouent avec.

Les hommes sont de grands enfants

La réponse de cette devinette est amusante, mais en grande partie fausse. S'il est vrai que les papas jouent avec les trains électriques aussi bien qu'avec les seins, ces seins ne sont pas seulement faits pour les enfants ! C'est la glande mammaire qui sert à allaiter. Les seins, eux, sont les rondeurs qui l'entourent. Ils sont constitués de graisses et n'ont aucun rôle à jouer dans la formation du lait. C'est pourquoi les mammifères n'ont généralement pas de seins. Les femelles ont un torse plat, qui ne gonfle qu'au moment de l'allaitement. Vous pouvez l'observer chez les chiennes, par exemple. Seules les vaches ont les pis gonflés en permanence parce que, en leur tirant du lait tous les jours, on oblige leurs mamelles à rester gonflées.

Pourquoi observe-t-on chez les femmes ces rondeurs qui n'existent pas chez les autres mammifères en dehors des périodes de lactation ? Parce qu'elles jouent un rôle dans l'attraction sexuelle. Comme nous sommes quasiment les seuls mammifères à marcher sur nos deux pattes arrière, le torse féminin se situe à hauteur des yeux. Les animaux, eux, ont plutôt les yeux à hauteur des fesses. Les seins seraient un ersatz de fesses ! C'est un phénomène connu depuis toujours, comme en témoignent les écrits de Verlaine, « les fesses, les grandes sœurs des seins », ou de Théophile Gautier, « les seins, deux mappemondes que l'on porte devant soi comme un second fessier… »
Les seins des femmes ont donc comme fonction d'attirer l'œil masculin. C'est une évidence, et elle explique pourquoi la chirurgie esthétique des seins est si demandée, tout comme les prothèses mammaires, les soutiens-gorge Wonderbra ou autres « maximisers ».

Les seins ont encore un autre rôle, sexuel cette fois. Et, dans cette optique, on peut dire que, justement, « les papas ne jouent sans doute pas assez avec ».
S'ils jouaient plus avec, tout le monde y gagnerait. Comment le sait-on ? Simplement par une grande enquête sur la sexualité, qui compare la sexualité des femmes homosexuelles et celle des couples hétérosexuels. Les femmes savent mieux s'y prendre avec les seins que les hommes.
Démonstration d'après une étude réalisée par Masters et Johnson, citée

dans leur livre *Les perspectives sexuelles*. Lorsqu'un couple de femmes homosexuelles s'adonne à la stimulation des seins, c'est toujours plus longuement. Les deux seins sont stimulés manuellement ou oralement, le jeu se concentrant particulièrement sur les mamelons. La stimulatrice met un soin scrupuleux à passer le même temps avec chaque sein, consacrant jusqu'à dix minutes à ces caresses, avant de passer aux organes génitaux. Durant ces longues périodes de stimulation des seins, on peut observer une abondante sécrétion vaginale chez la partenaire caressée. Certaines femmes parviennent à l'orgasme du seul fait de cette stimulation. Les femmes déclarent beaucoup apprécier ces caresses sur les seins.

Rien de semblable chez les couples hétérosexuels. Beaucoup de femmes déclarent que les seins ne sont pas, pour elles, une zone érogène particulièrement importante. Cependant, elles considèrent que les jeux avec les seins sont très importants pour l'excitation sexuelle de leur époux. Et c'est surtout le plaisir de leur homme qui leur fait apprécier les caresses sur les seins. Ainsi, il semble que les hommes ne sachent pas jouer si bien que cela avec les seins. Ils ont encore beaucoup à apprendre ! ■

« Si je fais si bien l'amour, c'est que je me suis longtemps entraîné tout seul. » **Woody Allen**

Un soliste renommé

Cette phrase de Woody Allen est très sensée. En effet, l'entraînement solitaire, en clair, la masturbation, loin d'être une abomination comme on l'entendait partout il n'y a pas si longtemps, est au contraire plutôt bénéfique pour une sexualité à deux réussie. Surtout si, pendant la masturbation, on pense à sa future vie sexuelle de couple. Un jeune garçon qui s'entraîne seul à faire durer son excitation se sera éduqué à la prolonger. Il aura mis toutes les chances de son côté pour ne pas souffrir d'une éjaculation trop rapide par la suite. Un de mes patients m'a expliqué que, dès son plus jeune âge, il s'entraînait à se masturber en faisant durer le plaisir. « Je pensais surtout qu'il faudrait que je sois à la hauteur le jour où je ferais l'amour. Et, pour ça, je savais qu'il valait mieux être capable de tenir assez longtemps. Et ça a marché puisque je suis capable de retenir mon éjaculation très longtemps. J'ai même du mal à comprendre pourquoi certains hommes souffrent d'éjaculation précoce ! » Comme quoi Woody Allen sait de quoi il parle **l'entraînement solitaire peut faire de vous un bon amant.** Symétriquement, les femmes qui savent obtenir un orgasme seules ont, par la suite pense-t-on, des chances d'arriver rapidement à l'orgasme lorsqu'elles commencent leur vie sexuelle. Celles qui n'ont jamais pratiqué seules auront besoin de plus de temps. Forcément, l'entraînement leur aura manqué ! L'entraînement en solo sert donc idéalement chez un homme à connaître et contrôler son excitation pour durer, et chez la femme à entraîner ses circuits du plaisir pour qu'ils soient capables de fonctionner facilement le jour où elle fait l'amour. ■

Devinette : Quelle est la différence entre un clitoris et un bistrot ?

Réponse : Neuf hommes sur dix sont capables de trouver un bistrot.

Chasse au trésor

Ce qui peut paraître amusant correspond aussi à une réalité. Le clitoris, centre stratégique du plaisir féminin, n'est pas si facile à trouver. Dans mon courrier des lectrices, je reçois régulièrement des lettres disant : « Mon ami et moi n'arrivons pas à trouver mon clitoris. Pouvez-vous nous indiquer comment le découvrir ? » Preuve que les hommes ne sont pas les seuls à être ignorants ! Les femmes ont parfois aussi du mal à repérer cette partie de leur anatomie. Il faut avouer qu'un clitoris est moins facile à trouver qu'un pénis. Si une femme veut voir son propre clitoris, il faut quasiment qu'elle utilise un miroir… ou qu'elle soit assez souple.
Quelle est la différence sexologique entre un bistrot et un clitoris ? Quand un homme s'y rend trop souvent, le bistrot peut être la fin du couple ; alors qu'un clitoris, s'il s'en approche souvent et qu'il en prend soin, c'est plutôt positif pour le couple ! D'autant plus que le bistrot, dans la vie sociale, ce n'est pas irremplaçable : on peut s'amuser ailleurs. Alors que le clitoris n'est pas un accessoire. C'est l'organe principal du plaisir féminin, l'indispensable déclencheur du plaisir pour

la plupart des femmes, et même le moteur principal de leur plaisir. Le clitoris fait d'ailleurs onze centimètres de longueur en moyenne, c'est dire qu'il est beaucoup plus important qu'on ne l'imagine. Rien que son gland contiendrait trois fois plus de capteurs de volupté que le gland du pénis. Seules une minorité de femmes sont capables d'atteindre l'orgasme sans aucune stimulation du clitoris. La masturbation féminine concerne presque toujours le clitoris. Seules 5 % des femmes font participer leur vagin à la masturbation. Et encore, le plus souvent, elle est associée à une stimulation du clitoris.

Pourquoi les hommes ont-ils autant de mal à s'occuper du clitoris ? Simplement parce que la logique apparente voudrait que la pénétration et les mouvements de va-et-vient qui font monter le plaisir et déclenchent l'orgasme chez l'homme soient aussi ce qui provoque le plaisir féminin. Or il n'en est rien. La plupart des femmes ressentent beaucoup plus de plaisir par les caresses clitoridiennes que par la pénétration. Le plaisir simultané et parallèle n'est donc pas à la portée de tous les couples.
Ajoutons encore que trouver un clitoris, c'est bien, mais savoir s'en occuper, c'est encore autre chose. De nombreuses femmes se plaignent que leur partenaire considère leur clitoris uniquement comme un starter destiné à faire monter leur excitation avant la pénétration, alors qu'il mériterait de se voir consacrer une attention particulière, associée à beaucoup de douceur et de temps... Et c'est loin d'être le cas de tous les hommes, y compris ceux qui pensent être de bons amants. ■

Trois femmes discutent.
La première dit :
- Moi, mon mari est impuissant à 80 %...
La deuxième répond :
- Ne te plains pas... Le mien, il est impuissant à 100 %...
La troisième de répondre :
- Vous avez encore de la chance : le mien, il est impuissant à 200 % depuis hier ; il s'est coupé la langue...

Sans les mains

Un homme est souvent très concentré sur son pénis. Il a envie que celui-ci fonctionne bien, qu'il soit grand et dur, réactif, qu'il puisse servir longtemps et si possible plusieurs fois de suite. Et c'est vrai que tout cela peut avoir une importance. Mais, lorsqu'un homme est trop concentré sur son sexe, il peut en oublier le reste. Le reste, c'est quoi ? Simplement le reste du corps. Un homme peut donner beaucoup de plaisir avec autre chose que son pénis. Vraiment beaucoup. Il peut utiliser ses mains pour des caresses, ses lèvres, sa langue... D'autant plus que la plupart des femmes atteignent bien mieux le plaisir clitoridien que le plaisir vaginal. C'est pourquoi les caresses masculines sont si importantes. J'ai ainsi connu une femme qui m'a raconté : « J'ai eu un amant extraordinaire, le meilleur que j'aie jamais connu. Il était totalement impuissant à cause d'un problème de santé. Il n'avait jamais aucune érection. Il me l'a avoué d'emblée et ça n'a jamais été un problème entre nous. Comme il avait accepté cette situation, il compensait par des caresses de toutes sortes et je n'ai jamais eu autant de plaisir qu'avec lui. » On ne peut bien sûr souhaiter à aucun homme de ne plus avoir d'érections. Mais on pourrait souhaiter à tous d'explorer autant l'art des caresses pour ajouter à leur capacité érectile l'art de donner du plaisir avec leur corps tout entier. ■

Propos recueillis au cours d'un examen par une amie gynécologue :

– De quand datent vos derniers frottis ?
demande la gynécologue à sa patiente.
– D'hier soir ! répond la dame.
Puis, en un quart de seconde, elle devient toute rouge, s'apercevant qu'elle a mal interprété la question.

Frotti-frotta

Le rapport sexuel peut être assimilé à un « frotti-frotta ». Car, si le pénis recherche un frottement qui, chez lui, augmente très rapidement le niveau d'excitation, c'est que ce pénis, en particulier son gland, est extrêmement sensible au frottement. C'est le mouvement qui fait monter son excitation. Pourtant, chez la femme, ce n'est pas la même chose. Le frottement rapide produit par le va-et-vient du pénis dans le vagin ne procure absolument pas les mêmes sensations voluptueuses. En effet, le vagin ne possède pas la même sensibilité que le gland du pénis.

Comme le dit Shere Hite (sociologue américaine auteur du *Rapport Hite* sur les femmes), la plupart des hommes imaginent que les frottements de leur pénis ne manqueront pas d'amener leur partenaire à l'orgasme. Or, il n'en est rien la plupart du temps. Les mouvements de frottement rapide qui chez eux sont très efficaces ne le sont guère pour une femme. De quoi a-t-elle besoin alors ? Ou, plutôt, de quoi a besoin son vagin (puisque son clitoris, lui, apprécie bien les mêmes sensations de frottement que le gland du pénis) ?
Pour ressentir du plaisir, son vagin a besoin de contact, de type pressions appuyées, accompagnées de mouvements lents. Si l'homme est sensible au frottement et à la rapidité, la femme est sensible à la pression et à la lenteur.
C'est une chose que peu d'hommes imaginent et qu'ils ont du mal à concevoir. Ils ont l'impression qu'il faut « pilonner », comme l'expriment certaines femmes, pour amener leur partenaire au septième ciel. Or, lorsqu'un homme comprend qu'il peut agir doucement, tout va mieux. Sa partenaire ressent alors plus de plaisir, puisque les stimulations lui conviennent mieux ; le rapport sexuel peut durer bien plus longtemps, avec plus de chances d'amener la femme à la jouissance. D'autre part, la lenteur permet à l'homme de durer plus longtemps, donc d'oublier d'éventuelles angoisses d'éjaculer trop rapidement…
Et, de surcroît, cet homme qui prend son temps découvre un plaisir très différent, qu'il décrit généralement comme plus profond et plus intense…
Alors, oui aux « frotti-frotta », à condition qu'ils soient adaptés aux besoins des deux partenaires pour maximiser le plaisir… Gardons tout de même à l'esprit que pratiquer toujours la même chose finit par devenir monotone et que, si la lenteur est agréable, la rapidité peut aussi l'être par moments à condition de n'être pas systématique. ■

Voici une autre histoire vraie, de la même gynécologue. Une femme téléphone et demande :

– Docteur, avez-vous les résultats de mon frotti-frotta ?

– Oui, répond la gynécologue qui pense à une blague, ils sont couci-couça.

Une jolie jeune fille se rend chez son médecin :
- Docteur, il m'arrive un truc vraiment bizarre.
Quand j'enlève mon soutien-gorge, j'ai les seins qui remontent.
Et elle lui montre.
- Incroyable ? dit le médecin, c'est très très curieux. Et ce phénomène se produit tout le temps ?
- Oui, docteur...
Elle remet son soutien-gorge puis le retire de nouveau et, hop, les seins remontent.
- C'est cela, fait le médecin songeur, je commence à comprendre ce dont il s'agit...
- Vous savez ce que c'est ? demande la patiente.
- Non, répond le médecin, mais je constate que c'est contagieux !

Épidémie

Quand un homme voit cette belle jeune fille se déshabiller, il peut très bien constater que quelque chose remonte aussi chez lui, c'est l'érection qui survient... C'est pour cette raison que, dans un cabinet médical, on vous demande habituellement de vous déshabiller dans un vestiaire ou bien derrière un paravent. Cela rend le déshabillage médical et non érotique, en mettant une distance entre le médecin et la patiente.
Ce qui est érotique, bien plus que la nudité, c'est le geste de se dévêtir, de dévoiler progressivement son corps. C'est la raison pour laquelle le strip-tease est une pratique répandue... Et il n'est normalement pas question d'érotisme dans un cabinet médical.

Un homme est généralement stimulé sexuellement par son canal visuel, c'est-à-dire par sa vue. C'est beaucoup moins vrai chez la femme. Un bel homme en train de se déshabiller ne lui fait pas le même effet. C'est pour cela que les strip-teases masculins, s'ils existent à l'heure actuelle, sont une pâle imitation des strip-teases féminins plus qu'une réponse au fonctionnement excitatoire féminin !
Cela dit, en cas de désir et d'excitation sexuelle, les seins d'une femme ont tendance non à remonter, mais à augmenter de volume. Et le désir de l'un est le meilleur stimulant du désir de l'autre. On peut penser que si ce médecin interprète inconsciemment ce qu'il voit chez cette femme comme un élan de désir, son corps à lui peut naturellement réagir, même si son éthique est parfaitement correcte. ■

Un homme tend un verre d'aspirine à sa femme.
– Mais, je n'ai pas la migraine !
– Ah, alors on peut faire l'amour !

Migraine effervescente

La migraine, maladie universelle dont la douleur terrible est unanimement reconnue, est toujours présentée comme l'excuse féminine par excellence pour éviter les relations sexuelles. En effet, les hommes sont moins sujets à cette maladie que les femmes. Pourtant, il est faux de penser que de nombreuses femmes utilisent l'excuse « migraine » pour éviter de faire l'amour. Des études le prouvent, qui ont été réalisées sur ce sujet. Ainsi, une étude montre que seuls 10 % des migraineux sont totalement incapables de faire l'amour pendant une crise. C'est compréhensible quand on pense à la terrible douleur que certains endurent. Le seul désir à ce moment devient celui de trouver une solution pour moins souffrir. Ils reportent donc le rapport sexuel. 90 % des personnes souffrant de migraines n'évitent pas les rapports sexuels pendant une crise.

Cette étude montre aussi, de façon étonnante, que les fantasmes et l'excitation sexuelle sont plus fréquents chez les femmes migraineuses que chez les femmes non migraineuses. On peut penser qu'elles ont une grande sensibilité émotionnelle. Imaginer que ces femmes cherchent à éviter les relations sexuelles à cause de leur migraine est donc certainement une idée totalement fausse.

Au contraire, la libido des migraineuses se porte bien. Leur migraine les empêche plutôt de vivre la sexualité épanouie à laquelle elles aspirent. C'est d'ailleurs sans doute pour cela que seules 10 % des migraineuses disent avoir déjà évité une relation sexuelle à cause de leur migraine. On se serait attendu à un chiffre plus élevé.

Plus bizarre encore, chez les hommes migraineux, cela semble différent : on retrouve moins de fantasmes, moins de moments d'excitation que chez les non-migraineux. Leur douleur mine les racines mêmes de leur désir. Alors, ce sont apparemment plus souvent les hommes qui disent : « Pas ce soir, chérie. J'ai la migraine ! » ■

Un homme marié sort
de la salle de bains
tout guilleret, sifflotant,
et avec une de ces lueurs
dans les yeux qui font
comprendre à sa femme
ce qu'il attend.
D'une voix un peu fatiguée,
elle lui dit :
- Pas ce soir, mon amour,
j'ai une horrible migraine.
Alors le mari rétorque aussitôt:
- Ça tombe bien, ma petite puce
en miel. Dans la salle de bains,
je viens de saupoudrer mon sexe
avec de l'aspirine... Alors,
tu préfères la prendre
par voie orale ou
en suppositoire ?

Un remède pour l'amour

La migraine, bien que connue pour être une excuse féminine permettant d'éviter les rapports sexuels, est en réalité très rarement utilisée par les femmes à cet effet. Elle l'est plus souvent par les hommes.

Un détail intéressant de l'histoire est qu'un homme pourrait administrer par voie sexuelle un médicament à une femme. Cela peut se produire parfois, même s'il ne s'agit évidemment pas d'aspirine.
Certains hommes utilisent un gel anesthésiant qu'ils appliquent sur le gland pour retarder l'éjaculation (il existe aussi une sorte de substance sous forme de caillou qui se vend aux Antilles pour un effet similaire). C'est efficace car, comme ils éprouvent moins de sensations, leur excitation monte bien moins rapidement et ils n'éjaculent plus aussi vite. Mais le gel appliqué sur le gland va se diffuser à l'intérieur du vagin, entraînant là aussi une insensibilité. Alors, s'ils souhaitaient apporter plus de plaisir à leur partenaire, il n'est pas certain qu'ils y parviennent… même en faisant durer le coït plus longtemps.
D'autre part, ce type de méthode est plutôt déconseillé aux hommes, car il n'apprend pas à supporter un haut degré d'excitation et de plaisir, mais à l'éviter. Et c'est dommage, car l'intérêt de la sexualité, c'est tout de même le plaisir.
Un autre cas de transmission sexuelle d'un médicament est celui des hommes qui ont testé la pilule contraceptive masculine. Il faut lui associer un gel de testostérone, l'hormone mâle, à appliquer sur la peau, le plus souvent sur le torse. Et là, petit problème : pendant les câlins, la testostérone se diffuse aussi à travers la peau de la partenaire. Et qu'entraîne-t-elle ? De l'acné, des poils, une voix grave… Il est donc des endroits à éviter pour un homme quand il utilise ce type de gel, aussi prescrit en cas d'andropause : tous les endroits qui peuvent se frotter contre la peau de la partenaire. ■

Devinette : Que dit la jambe droite d'une nymphomane à la jambe gauche, au retour des vacances ?

Réponse : « Dis donc, cela fait longtemps que nous ne nous sommes pas vues ! »

Étoile de mer ou compas serré... quelle est votre position préférée ?

Comme le sexe féminin est situé entre les deux jambes, on peut penser qu'une femme fait forcément l'amour les jambes écartées. C'est pourtant totalement faux.

Nombreuses sont les femmes qui préfèrent avoir les jambes serrées. Pourquoi ? C'est que le chemin de l'orgasme féminin est très lié à la position des jambes. **D'après une enquête menée auprès de 27 000 femmes**, 32 % éprouvent un orgasme les jambes écartées, 15 % les jambes serrées ; 27 % y parviennent dans les deux positions... et 27 % ne savent pas trop ! Quelle en est l'explication ?

On ne le sait pas avec certitude, même s'il existe des hypothèses. Il est possible que la pratique de la masturbation installe un fonctionnement particulier.

Une petite fille qui a réussi à atteindre le plaisir en se frottant les jambes serrées aura peut-être ouvert un circuit de plaisir qui fonctionne de cette manière, circuit qui restera actif par la suite. *Idem* pour un circuit qui fonctionnerait plutôt jambes écartées. Mais il est possible que l'anatomie de chaque femme joue aussi un rôle. Les insertions des muscles qui s'activent au moment de l'orgasme, la forme du corps, tous ces facteurs ont peut-être une influence sur la manière de parvenir au plaisir. Quel est l'intérêt de savoir cela ? C'est qu'une femme qui n'arrive pas à obtenir d'orgasme jambes écartées peut explorer ses propres réactions jambes serrées. Son partenaire masculin ne pensera peut-être pas à l'y inciter s'il ne connaît pas cette possibilité. Chez les femmes souffrant de vaginisme (la pénétration est impossible à cause d'un serrement très fort des muscles autour du vagin, souvent associé à celui des deux jambes), cet aspect des choses est intéressant. Certaines de ces femmes peuvent faire l'amour jambes serrées en position sur le côté (« petites cuillères ») ou par-derrière. Dans ce cas, leur corps n'appréhende plus la pénétration de la même manière. Mais ceci n'est pas vrai pour toutes les femmes bloquées par une telle réaction de vaginisme.
Au total, une femme pourrait très bien être nymphomane et ne jamais écarter les jambes. ■

C'est le mois de juin. Il fait très chaud et trois jeunes garçons rentrent de l'école. Sur leur trajet, ils longent une propriété avec une piscine dans laquelle ils aperçoivent une jolie femme qui nage complètement nue. Naturellement, les trois garçons s'arrêtent pour regarder. Très rapidement, sans prévenir, un des trois garçons se met à courir et rentre chez lui. Alors, les deux autres rentrent eux aussi.

Le lendemain, il fait toujours beau. Ils retrouvent la jeune dame en train de se baigner tout aussi nue. Comme la première fois, le même garçon se met à courir et rentre chez lui.

Le troisième jour, la jeune dame est encore là. Cette fois-ci, les deux copains ont décidé de faire quelque chose : avant que leur ami ne se mette à courir, ils l'attrapent par le bras et lui demandent :
- Qu'est-ce qu'il y a ? Tu n'aimes pas regarder ?
Et le garçon répond :
- Si bien sûr, mais ma maman m'a dit que si je regardais une femme toute nue trop longtemps, je risquais de me transformer en statue de pierre... Et je me sens déjà devenir tout dur !

Regarder une femme, le début du plaisir

Vous pouvez reconnaître ici des séquelles de l'éducation souvent donnée aux enfants autrefois : on ne regarde pas un couple s'embrasser (on change de chaîne à la télé), on ne regarde pas une femme nue... Comme si c'était « inregardable », indécent... Comme si aimer regarder une femme dévêtue n'était pas naturel pour un homme.
Pourquoi ne pourrait-on pas dire à un garçon, qui trouve encore à son âge que

« les filles sont bêtes », « tu finiras par les apprécier ; une femme, c'est beau, le corps féminin est magnifique, et cela procure du plaisir de le regarder... » Cela n'a rien d'abominable. Pourtant, on en parle extrêmement peu. Je suis toujours surprise que, dans l'éducation sexuelle, on « zappe » systématiquement l'élan du désir. C'est une émotion qui n'est pas admise, elle reste considérée comme gênante et dérangeante. Pourtant, la meilleure manière de vivre une découverte aussi profonde que la découverte du désir, ce serait plutôt d'en parler, d'expliquer que l'attirance peut faire un drôle d'effet, que ça peut être très fort, très déstabilisant... et qu'il faut apprendre à faire avec, à l'intégrer. De nombreux adultes ne sont pas du tout à l'aise avec leur propre désir et leur excitation, et ils transmettent cette gêne aux enfants.

L'érection, pour un garçon, c'est parfaitement banal. Un petit garçon a des érections dès sa naissance et il n'y a aucune raison pour que ce phénomène l'inquiète. Sauf s'il sent qu'il est impossible d'en parler ou qu'il a des réticences à ce sujet.

Un médecin me racontait que, lorsqu'il examine un jeune garçon, il observe parfois une érection réflexe. « Au début, m'expliquait-il, j'étais gêné, ne sachant que dire (rien, ou quelque chose, et quoi ?), mais maintenant, je dis "voilà une belle érection, tout fonctionne bien chez vous, c'est bon signe...", et je vois le visage du garçon, gêné au départ, s'illuminer. Il est ravi de comprendre que tout va bien de ce côté et qu'il n'a pas d'inquiétude à avoir. Car la normalité est une interrogation constante chez les adolescents. »

Et puis, ajoutons que c'est peut-être le père qui pourrait parler à son fils. Une mère, qui ne vit pas dans son corps l'expérience masculine, est forcément moins à l'aise pour l'aborder avec son fils. Et cela d'autant plus qu'il y a le fameux complexe d'Œdipe. Qui sait si cette mère n'interdit pas à son fils de regarder les femmes pour rester la femme de sa vie pour son fils... le plus longtemps possible ? Elle lui fait passer le message : « Attention, les femmes sont dangereuses, sauf ta maman qui te protège en te prévenant. » ■

Trois hommes vraiment âgés sont assis au soleil sur un banc et parlent de leurs misères, comme tous les jours...

– Ah, dit le premier, ce matin, en montant les escaliers, j'ai dû m'arrêter toutes les trois marches pour souffler !

– Ah, les jambes, les jambes ! se plaignent les trois petits vieux en chœur.

– Moi, dit le second, je ne digère plus rien. Hier soir, j'ai bu un peu de vin blanc avec ma soupe et, ce matin, j'ai atrocement mal au ventre...

– Ah, l'estomac, l'estomac ! se plaignent les trois petits vieux en chœur.

– Moi, hier soir, dit le troisième, je me suis retourné vers ma femme pour la lutiner un peu. Mais qu'est-ce qui te prend ? me dit-elle. Cela ne fait même pas une heure que tu m'es déjà monté dessus !

– Ah, la mémoire, la mémoire ! se plaignent les trois petits vieux en chœur.

Les vieux complices

Un de mes collègues nous expliquait un jour que son patient le plus âgé avait 99 ans et venait le voir parce que son érection n'était plus ce qu'elle avait été. L'âge est loin d'être aussi néfaste qu'on l'imagine pour la sexualité. Même à 90 ans, tout peut marcher très bien... à condition de s'adapter aux changements liés aux années. L'érection devient plus lente à obtenir et elle nécessite une plus forte stimulation. Elle est à son maximum juste avant l'éjaculation et moins parfaite auparavant. L'éjaculation, elle, vient plus tardivement, ce qui permet de faire durer plus longtemps le rapport sexuel. Et la période réfractaire, temps nécessaire pour obtenir une nouvelle érection, s'allonge.

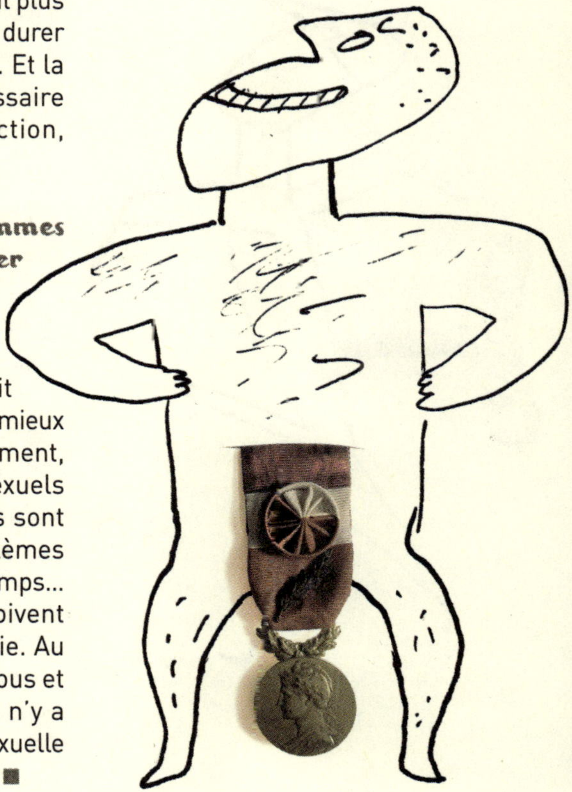

Sur un autre plan, les hommes qui continuent à s'intéresser à la sexualité deviennent généralement plus sensuels et plus sensibles aux émotions amoureuses avec l'âge, ce qui fait qu'ils profitent en général beaucoup mieux des plaisirs de la sexualité. Finalement, s'il est vrai que des problèmes sexuels apparaissent avec les années, ils sont plutôt dus aux maladies, aux problèmes de santé plus nombreux au fil du temps... surtout chez ceux qui fument, boivent et ont une mauvaise hygiène de vie. Au contraire, si vous prenez soin de vous et que vous êtes en bonne santé, il n'y a aucune raison pour que votre vie sexuelle s'arrête avant votre vie tout court. ■

Un homme entre dans une pharmacie et demande :
- Je voudrais du Viagra, s'il vous plaît.
- Avez-vous une prescription du médecin ?
- Non, mais j'ai une photo de ma femme...

Entre hommes, on se comprend !

Le Viagra comme les autres médicaments de la même famille (Levitra ou Cialis) sont des facilitateurs de l'érection. Chez un homme qui a de mauvaises érections, ces médicaments améliorent considérablement les choses. Pourtant, si un homme n'éprouve pas de désir, si sa femme ne lui fait aucun effet, Viagra ou non, l'érection ne viendra pas. Car le désir sexuel est un starter indispensable et le médicament sert seulement d'accélérateur aux réactions qui mènent à l'érection. Cela dit, pas de panique. Quand un homme n'éprouve pas de désir, c'est rarement parce qu'il trouve son épouse laide et repoussante. Sinon, on ne voit pas pourquoi il l'aurait épousée. Contrairement à ce que beaucoup imaginent, le Viagra est rarement utilisé par un homme dont l'épouse lui paraît moins excitante parce qu'elle a pris des kilos, des rides ou simplement des années. Dans ces cas-là, la complicité et la connaissance de l'autre pallient souvent les changements physiques, permettant des relations sexuelles tout à fait satisfaisantes.

Un homme assez âgé aura souvent beaucoup plus besoin de Viagra avec une jeune maîtresse qu'avec son épouse du même âge que lui. En effet, avec elle, il se sent en confiance, alors qu'avec une maîtresse il a peur de ne pas être à la hauteur, de paraître dépassé. Les troubles érectiles constatés dans un couple stable se produisent plus souvent lorsque l'homme est déprimé ou fatigué. Ou encore qu'il en veut à sa partenaire pour une raison qu'il est le seul à connaître... J'ai quand même vu un cas étonnant chez un jeune patient : « Auparavant, je me mettais au lit avec ma femme et mon érection venait tout de suite. Et maintenant, je me couche à côté d'elle et ça ne me fait plus rien. » J'essaie de comprendre, je pose des questions pour savoir si quelque chose a changé pour expliquer cette différence. Finalement cet homme ajoute : « Il faut vous dire que ma femme ne va pas très bien. Elle s'est mise à boire. Et elle ne se lave plus tellement, elle sent très mauvais... » J'ai été obligée de lui mettre les points sur les i : « Pensez-vous vraiment que vous avez un problème d'érection ou plutôt que votre femme a un problème d'alcoolisme ? » Le traitement, dans un cas pareil, bien sûr, n'est pas le Viagra, mais une prise en charge de cette femme en très mauvais état psychique. ■

Devinette : Un macho a une panne sexuelle. Que dit-il à sa partenaire ?

Réponse : « Et ça t'arrive souvent ? »

Ne coupez pas

Un macho est un homme qui pense que les femmes sont la cause de tous les maux. Or, pour un homme, et d'autant plus s'il est macho, il est horrible de penser qu'il est coupable d'avoir une panne. Il est difficile de se remettre en cause. Pourquoi ne pas accuser la personne la plus proche ? « C'est de ta faute si j'ai une panne ! » Surtout qu'une femme, on la culpabilise assez facilement. En plus, il s'agit ici d'une manière très perverse de s'exprimer. La formulation : « Et ça t'arrive souvent ? » est en forme de suggestion indirecte. Il y a un sous-entendu : « C'est forcément de ta faute et c'est tellement évident que c'est de ta faute qu'il n'y a pas de question directe à se poser. »

La réalité est pourtant qu'une panne d'érection n'est pas une faute. C'est un accident ou plutôt un incident qui arrive à tous les hommes. Les sexologues affirment que tous les hommes connaissent un jour un tel épisode. Cela n'a donc rien d'extraordinaire, c'est même terriblement ordinaire et banal. Mais quand c'est vous qui êtes en cause, ça ne l'est pas évidemment. Pour un homme qui a peu confiance en lui, cela peut se révéler si destructeur, si angoissant que mettre la panne sur le dos de sa partenaire peut le soulager. Il ne s'agit donc pas forcément d'une accusation méchante, mais d'une manière de se défausser d'un poids insupportable.

Cela dit, il arrive parfois que la panne soit due à la femme. Mais cela n'est quasiment jamais parce qu'elle n'est pas désirable. Si c'était le cas, cet homme ne se serait pas mis en position d'intimité sexuelle avec elle. C'est plutôt lorsqu'une femme est maladroite en gestes ou en paroles, voire castratrice, ou tout simplement non désirante, que la panne peut survenir. Le corps masculin, l'émotion masculine sont très sensibles à ce qu'ils captent chez leur partenaire.

Ainsi, lorsqu'une femme ne ressent pas de désir sexuel, le corps de l'homme peut se dire « ce n'est pas la peine de me fatiguer », et décider de faire grève. C'est la panne. Le problème, c'est que l'intellect n'est pas forcément d'accord et qu'il peut s'inquiéter.

Idem si l'homme ressent, même inconsciemment, une femme comme agressive ou castratrice. Une panne peut le surprendre, alors même que seul son corps perçoit ces tendances, c'est-à-dire sans que cet homme en ait conscience. Un de mes patients a eu une panne pour la première fois lors d'une aventure. La jeune femme s'est mise en colère : « J'en ai marre, dit-elle, à chaque fois, c'est pareil... » Tous les hommes qu'elle rencontrait avaient des pannes avec elle. C'était certainement une femme très castratrice... ■

Une femme nue se regarde debout dans la glace. Elle dit à son mari :
- Je suis horrible à voir, toute grasse et laide, j'ai besoin d'un compliment !
Le mari répond :
- Tu as une bonne vue !

Compliment amer

Une femme a besoin, pour éprouver du désir sexuel, pour ressentir du plaisir à faire l'amour, de se sentir belle. Comment se sentir belle ? Soit c'est naturel et évident pour vous, quand vos parents vous ont répété depuis l'enfance que vous êtes jolie. Ils vous font alors un cadeau inestimable, qui vous donne confiance en vous. Du coup, votre corps vous apparaît comme aimable, digne d'attention. Si, au contraire, vous manquez d'amour, d'admiration pour votre corps, votre désir sexuel en est souvent très amoindri. Et l'on en manque quand vos parents vous ont répété que vous étiez laide (ou laid pour un homme), ou bien quand votre entourage, vos frères et sœurs, vos camarades d'école vous l'ont dit et redit. D'ailleurs, nous sommes souvent si sensibles aux critiques sur notre aspect physique qu'une seule remarque cruelle peut rester présente à notre esprit et distiller encore son venin des dizaines d'années plus tard.

Et quoi de pire qu'une personne qui est sensée vous aimer et ne sait pas vous réconcilier avec votre beauté ?

Car tout le monde est beau ou a quelque chose de beau, à mon avis.

Si l'être que vous aimez vous fait bien comprendre que vous n'êtes pas belle, il ne faut pas s'étonner qu'ensuite il se plaigne de votre manque d'intérêt sexuel. Les hommes n'ont souvent pas une relation aussi passionnelle avec leur beauté (encore que...) ; ils peuvent avoir du mal à comprendre qu'une femme ait besoin de se sentir belle, de se rassurer, de s'entendre répéter qu'elle l'est et de faire autant d'efforts pour la beauté. Aussi trouvent-ils cela futile et peuvent-ils se moquer ou en rire, voire mépriser ce besoin de miroir magique. Rappelez-vous la reine dans le conte de Blanche-Neige : « Miroir magique, dis-moi qui est la plus belle ?... » Un mari attentionné devrait toujours être le miroir magique de sa femme et continuer à garder pour elle ce regard magique qui voit ce qu'il a trouvé beau quand il l'a rencontrée. Il lui prodigue ainsi des compliments et leur amour physique peut s'épanouir beaucoup plus haut. Ce n'est pas en glissant des peaux de banane ou des critiques, même quand « c'est (soi-disant) pour ton bien », que l'on cultive l'amour. ■

Un homme va voir son médecin parce que sa femme est insatisfaite au lit. Il lui explique qu'il n'est plus capable d'avoir de relation réussie avec sa femme parce qu'il n'a pas d'érection.
– C'est peut-être dans votre tête ? répond le médecin.
– Non, affirme l'homme, ça fait déjà un bout de temps que j'ai ce problème.
Le médecin décide de prescrire du Viagra et explique que cela prend un certain temps avant d'agir. Il lui conseille d'en prendre une gélule immédiatement à la pharmacie et de faire un tour de voiture avant de rentrer à la maison pour surprendre sa femme. L'homme suit les conseils du médecin et, une fois arrivé à la maison, il voit que sa femme n'est pas là. Il décide de s'installer et de l'attendre : 30 minutes, 45 minutes, 1 heure, 1 heure et demie...

Pris de panique, il appelle le médecin et lui explique qu'il est prêt mais que sa femme n'est pas à la maison. Il lui demande ce qu'il doit faire. Le médecin lui conseille de l'attendre, mais le gars refuse parce qu'il est prêt et veut en profiter. Le médecin lui conseille alors d'aller chez sa voisine. Et le gars lui répond :
– Ma voisine ? Pourquoi ? Je n'ai pas besoin de Viagra avec elle !

Le besoin de Viagra, c'est dans la tête ?

Un homme souffre de pannes sexuelles et pense que ce n'est pas dans sa tête. Faut-il le croire ? Certainement pas. La plupart des hommes qui consultent pensent que leur problème est forcément mécanique. Ils n'aiment pas imaginer qu'il s'agit d'un blocage psychologique, ce qui est pourtant très fréquent.

Ici, si le médecin avait posé quelques questions, il aurait immédiatement vu que c'était dans la tête. Il ne s'agit d'ailleurs nullement d'un blocage, mais d'un manque de désir pour sa femme. Elle ne déclenche aucune excitation chez lui. Pourquoi ? Nous n'en savons rien. Peut-être ne lui semble-t-elle pas désirable physiquement, mais la raison la plus fréquente d'une absence de désir est plutôt l'influence d'émotions négatives qui bloquent ce désir. Si cet homme en veut à sa femme pour quelque raison que ce soit, son corps ne peut la désirer, son esprit ayant mis en place une sorte de veto. Le Viagra, tout comme le Levitra ou le Cialis, ne déclenche normalement aucune excitation hors contexte. Il faut une amorce de désir et d'excitations sexuelles pour que ces médicaments développent leur effet. Cet homme qui attend en s'énervant a une érection dans l'histoire mais, dans la vie réelle, il n'en aurait aucune... à moins de fantasmer très activement.

Le Viagra ne peut en aucun cas déclencher une érection, il peut seulement la faciliter. Le réveil du désir ne peut ainsi jamais provenir de la chimie pharmaceutique, mais de l'alchimie entre deux êtres... à cultiver, à rechercher, à découvrir. Cette alchimie est un cadeau du ciel, lors de la rencontre et pendant l'état amoureux, mais au fil du temps, la conserver est un art. Le changement provoque l'excitation. Faire l'amour doit être toujours un peu différent, de manière à alimenter le désir. Et une manière de changer, quand on manque d'imagination à deux, c'est tout simplement de changer de partenaire, qu'il s'agisse d'une voisine ou d'une autre. ■

Devinette : Pourquoi Dieu a-t-il inventé l'orgasme ?
Réponse : Pour que les Italiens sachent quand s'arrêter !

Les champions du monde de l'orgasme

Cette devinette concerne bien sûr l'orgasme féminin. C'est une évidence. En effet, si on vous pose la question : « Pourquoi Dieu a-t-il inventé l'orgasme masculin ? » vous aurez tendance à répondre : « Pour faire les bébés. » Car c'est bien la grande différence entre ces deux orgasmes. Pour faire un enfant, l'homme a besoin d'éjaculer. Quand il éjacule, sauf exception, il a un orgasme. Une femme, elle, peut faire de nombreux enfants sans jamais avoir ressenti un seul orgasme. Cette différence est très importante. Elle explique pourquoi tous les hommes (ou presque) ont facilement des orgasmes : c'est nécessaire à la procréation ; alors que, pour les femmes, c'est une autre histoire : l'orgasme n'est pas nécessaire à la procréation. La sélection naturelle a fait que les hommes qui « orgasmaient » facilement avaient plus facilement des enfants. De génération en génération, la nature a sélectionné les hommes qui éjaculaient facilement... voire rapidement.
Pour les femmes, il n'y a pas eu cette sélection, puisque, avec ou sans orgasme, une femme peut très bien se reproduire. Cela fait qu'il existe des femmes qui « orgasment » facilement, alors que d'autres, non. À une époque pas si lointaine, certains clercs de l'Église catholique pensaient que l'orgasme féminin était indispensable à la fécondation. Ils conseillaient les maris sur la manière de donner du plaisir à madame, allant jusqu'à affirmer que faire l'amour sans donner ce plaisir à sa femme était un péché, puisqu'il empêchait de faire des enfants. Cette période n'a (malheureusement ?) pas duré très longtemps sur les deux mille ans de christianisme... Aujourd'hui encore, certaines personnes affirment

que, lors de l'orgasme féminin, l'utérus se contractant aspirerait plus facilement le sperme, donc faciliterait la fécondation. Cela n'est pas du tout certain.
Mais tout de même, l'orgasme féminin a une utilité tout autre que celle de faire des bébés, celle de donner du plaisir à la femme. Et c'est utile pour une raison très simple : ce plaisir lui donne envie de recommencer. Car nous recherchons le plaisir et, quand nous le trouvons, nous avons tendance à reproduire ce qui est très agréable.
D'ailleurs, les hommes aiment que leur partenaire ait un orgasme, et pas seulement par générosité : cela leur démontre que leur partenaire aussi aime faire l'amour. C'est important car, dans les années passées, une femme « bien » ne devait pas trop montrer qu'elle aimait l'amour, sous peine de passer pour une nymphomane. Alors, savoir que son corps jouit est rassurant pour le partenaire. D'autre part, il se dit « ouf, elle aime ça aussi, je ne suis pas un égoïste qui prend son plaisir en utilisant l'autre »... Il constate que le plaisir partagé est bien meilleur que le plaisir solitaire.

Cependant, l'idée qu'il faille s'arrêter parce qu'il y a eu un orgasme est une idée très masculine. Un homme qui jouit a du mal à continuer à faire l'amour, à cause de sa période réfractaire. Une femme, non ! De nombreuses femmes peuvent enchaîner plusieurs orgasmes, et le fait qu'elles aient eu un premier orgasme n'est pas une bonne raison pour s'arrêter. Et même les femmes « mono-orgasmiques » ont une excitation qui reste élevée après l'orgasme, et c'est souvent très agréable pour elles de continuer à faire l'amour au moins quelques minutes.
Alors, pour savoir si une femme a envie de continuer, il ne faudrait pas lui demander « as-tu joui ? » mais plutôt « as-tu envie de continuer ? » ■

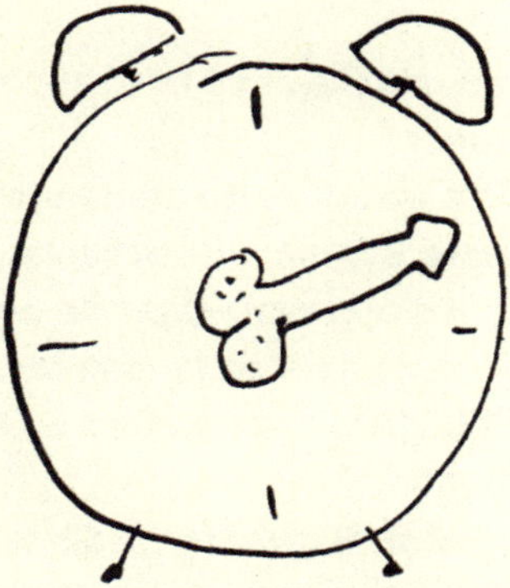

2

Pendules remises à l'heure

Un avion s'écrase sur une île déserte et laisse deux survivants : un homme et Monica Bellucci. N'ayant pas d'autres possibilités, ils s'entendent pour avoir des relations sexuelles. Six mois plus tard, l'homme, un peu gêné, demande un service à Monica. En souvenir de son meilleur ami, accepterait-elle, le temps d'une soirée, de mettre une fausse moustache et se faire appeler Roger ?
Elle trouve cette demande bizarre, mais, sympa, elle accepte.
Elle s'approche donc de notre homme avec sa fausse moustache.
Et le gars s'écrie alors en lui serrant la main :
– Salut, Roger. Tu ne devineras jamais avec qui je fais l'amour depuis six mois !

Vantardise à tout prix ?

Le plaisir de l'amour, c'est de le faire avec quelqu'un que l'on aime – un peu, beaucoup, à la folie ; depuis un mois ou depuis dix ans – , découvrir le corps de l'autre, ressentir du plaisir, en donner, en partager... On s'aperçoit aussi que, pour certaines personnes, il existe un autre plaisir. Celui de se vanter : d'une bonne fortune, d'un compliment qu'on vous a fait, d'un record que l'on s'imagine avoir pulvérisé... En fait, les hommes ont parfois besoin, pour se situer par rapport aux autres, de se comparer. Il ne s'agit d'ailleurs pas forcément de frimer, mais de se positionner. Si, en plus, on peut faire illusion, rendre jaloux les autres, le plaisir n'en est que plus grand. Et c'est souvent avec son meilleur copain que l'on partage les choses les plus intimes. Ce partage d'intimité gagnerait à se faire aussi dans

l'autre sens : quand on a un souci ! Je me souviens d'un patient qui souffrait terriblement de pannes d'érection. Il vient pour me consulter et, en sortant, rencontre un vieux copain.
– Comment ça va ? lui demande cet ami.
– Mal, je sors de chez la sexologue parce que, ces temps-ci, j'ai des pannes et ça m'inquiète, ça me prend la tête...
– Ah bon, rétorque l'autre, toi aussi !
« Et, me raconte ce patient, nous sommes allés boire un coup et nous raconter nos malheurs. Finalement, j'ai passé une très bonne soirée et j'ai relativisé mes soucis ! » Il me semble que raconter ses difficultés sexuelles à un intime est une preuve de courage. Et cela donne plus de courage aux autres pour en parler aussi... ce qui simplifie les relations. Et l'on découvre parfois que l'on n'est pas tout seul à souffrir : cela calme la douleur, de n'être pas seul à porter un fardeau. L'échange avec d'autres met sur la voie de la solution. Car, au lieu d'imaginer que c'est toujours mieux chez les autres, on vit dans la réalité.

Voici un autre exemple de vantardise, exprimée par un homme qui n'avait sans doute pas de meilleur copain.

Le jour de la confession :
– Voilà, mon père, hier, j'ai fait l'amour dix-neuf fois avec ma femme !
– Mais, mon fils, avec votre femme, ce n'est pas un péché !
– Oui, mon père, mais dix-neuf fois ! Il fallait quand même que je le dise à quelqu'un ! ■

Deux jolies jeunes femmes blondes sont en train de papoter dans la file d'attente de leur cantine d'entreprise. L'une dit :
– Tu vois ces deux hommes là-bas ? Eh bien, celui de droite est mon mari, celui de gauche est mon amant.
L'autre lui répond alors :
– C'est amusant, moi, c'est exactement l'inverse.

Quelle est la différence entre un amant et un mari ?

Quand une femme juge son mari ennuyeux, quand elle a l'impression de vivre dans la routine, de s'enliser dans les habitudes, elle peut se prendre à rêver. Rêver d'un amant plus amoureux, plus intéressant, plus aventureux semble une solution. L'amant apparaît comme un héros, surgissant au milieu d'une vie monotone. Tout est question de point de vue, puisque le mari de l'une peut se révéler l'amant de l'autre. Cela signifie que le même homme peut être regardé de manière très différente. Et pourtant, c'est sans doute à peu de chose près... le même.

On pourrait sans doute l'affirmer aussi pour les deux hommes que regardent les deux jeunes femmes.

Ces deux hommes ont une maîtresse qui ressemble à leur femme : ce sont toutes deux, en effet, de jolies blondes ! Mais la maîtresse leur paraît peut-être plus amusante, plus à l'écoute, plus attentive, plus amoureuse... C'est qu'elle ne joue pas le même rôle, qu'elle n'a pas les mêmes obligations... Elle peut mieux faire rêver.

Qui que vous soyez, quand vous devez régler les factures le lundi, aller voir les professeurs de vos enfants le mardi, appeler le plombier parce que l'évier est bouché le mercredi, payer les impôts le jeudi, aller chez votre banquier le vendredi et penser au contrôle technique de la voiture le samedi ... le côté romantique de la vie passe vite au second plan. Au contraire, amant et maîtresse, quand vous vous rencontrez seulement pour vous plaire, vous séduire et passer un moment en amoureux, vous ne vous voyez pas avec les mêmes lunettes. On pourrait penser que c'est dommage ou que c'est triste. Mais non, le bon côté des choses, c'est que votre femme ou votre mari est tout à fait capable de jouer un rôle de maîtresse ou d'amant. Il ne tient qu'à vous de lui permettre de l'exprimer pour vous et de lui révéler le vôtre... si vous avez envie de profiter de cet espace amoureux ensemble. C'est ce que souhaitent la majorité des couples. ■

Homme bête + femme bête = grossesse

Homme intelligent + femme bête = bon coup

Homme bête + femme intelligente = mariage

Homme intelligent + femme intelligente = romance

Équations sexuelles

L'intelligence permet de profiter vraiment des plaisirs de l'amour... et de la sexualité ! C'est vrai bien évidemment par rapport à la grossesse, car éviter une grossesse non désirée, c'est intelligent. Il ne s'agit pas ici d'une intelligence intellectuelle, mais plutôt émotionnelle. Il faut accepter de regarder

en face ses propres désirs, les prendre comme ils sont et y faire face. Mais c'est d'autant plus difficile que l'on est jeune et que ces désirs sont nouveaux pour nous. Avec les années, il devient plus simple de considérer le désir, l'amour, l'élan sexuel comme quelque chose de naturel, de simple, et de les intégrer dans la vie de tous les jours.
Il en est de même pour l'érotisme. L'intelligence y participe beaucoup. La sexualité peut rester une fonction animale, comme le besoin de manger quand on a faim. Mais elle peut être élevée au rang d'un art, tout comme peut l'être la cuisine. Si notre corps peut nous donner du plaisir, ce plaisir peut être énormément augmenté par l'intelligence. L'histoire d'un jour peut devenir une romance et procurer alors beaucoup de bonheur aux deux amants.
L'intelligence, c'est, déjà, de choisir un partenaire aussi « intelligent » que vous, qui ait les mêmes buts. C'est aussi de rester ouvert à ce que propose l'autre, sans idées préconçues. Quand on veut se persuader à l'avance que l'on recherche seulement un bon coup ou, en sens inverse, le mariage, on part en se fermant des possibles peut-être bien plus intéressants que ce que l'on imagine.
L'intelligence ne casse pas l'ambiance amoureuse ni bien sûr la sexualité, mais elle permet, au contraire, d'en profiter plus, plus longtemps, plus profondément...C'est une chose qu'il serait important d'apprendre aux adolescents. ■

– Qu'est-ce que tu as demandé à Noël ? demande un petit garçon à son copain.
– Un Tampax !
– C'est quoi ce truc ?
– Je ne sais pas, mais il paraît qu'avec, tu peux faire de la gym, de la piscine, du vélo, du cheval...

La hotte du Père Noël

Les petits garçons ne savent pas ce qu'est un Tampax... et c'est normal. Ce qui l'est moins, c'est que les grands ne le savent souvent pas tellement plus. Je me souviens d'un copain étudiant en médecine qui passait chez moi récupérer un cours. Il voit sur ma table une boîte de tampons et me demande : « C'est quoi ce truc ? » Un peu soufflée, je lui explique, et il a l'air très étonné. Alors, je lui fais une démonstration comme à la télé : je prends un verre d'eau, j'y mets le tampon et je lui dis comment ça fonctionne, où cela se place et à quoi ça sert.
Bien sûr, il n'avait pas de sœur pour lui faire son éducation. Mais quand même, on pourrait imaginer qu'un étudiant en quatrième année de médecine soit un peu plus au courant. Cela dit, cet exemple montre à quel point nous sommes ignorants de tous les petits détails concrets de la vie de l'autre sexe. Du coup, j'ai fait très attention à expliquer à mon fils ce qu'étaient les règles, les serviettes (mais pas encore les tampons, car il a seulement 10 ans). Cela viendra, je préfère qu'il soit suffisamment informé. D'ailleurs, les filles ne sont pas toujours tellement plus au courant. Une fillette de 9 ans m'a un jour écrit pour me dire : « Je ne comprends pas, je viens d'avoir mes premières règles et elles sont rouges. Pourtant, j'ai bien vu à la télé que, normalement, c'était bleu ! » Car, dans les publicités, effectivement, le faux sang est toujours bleu. Cela paraît plus hygiénique. Avec un tampon, on peut faire du cheval, du vélo, de la gym et de la piscine... Oui c'est vrai, mais comme cadeau de Noël pour un garçon, on doit pouvoir trouver mieux ! ■

La fidélité est l'art de ne pratiquer l'adultère que par la pensée. Decoly

Fantasmes d'adultère

Cette phrase de Decoly (auteur de *Impertinences et autres pensées*) est amusante, parce qu'elle est à la fois totalement vraie... et totalement fausse. Elle est vraie parce qu'une personne, homme ou femme, peut être très facilement fidèle, y compris en pensée, pendant un jour, une semaine, un mois, un an, voire beaucoup plus. Puis, quand le couple dure, elle va finir par éprouver un jour ou l'autre, souvent ou rarement, d'autres désirs, d'autres attirances qui la porteront vers quelqu'un d'autre. On pourrait parler d'adultère en pensée, d'infidélité fantasmée.

Cette situation est naturelle et inévitable. Croire que, parce que l'on aime une personne et que l'on désire vraiment l'aimer, on devient aveugle aux autres est une idée toxique.

Un de mes jeunes patients est venu me voir en me disant : « J'hésite à m'engager, à me fiancer avec mon amie. En effet, même si je l'aime, même si j'ai envie que nous ayons des enfants ensemble, je sais que je regarde d'autres femmes. Et cela me met très mal à l'aise vis-à-vis d'elle. »

Un tel jeune homme vit dans une illusion, dans une idée d'amour absolu ; il se trouve tout simplement en dehors de la vie réelle. Il est normal qu'un homme regarde les femmes et même qu'il ait des pensées sexuelles. Cela n'enlève rien à l'amour qu'il porte à son amie, aux projets qu'ils peuvent faire ensemble. C'est même un signe de bonne santé que de regarder des femmes séduisantes, à condition de

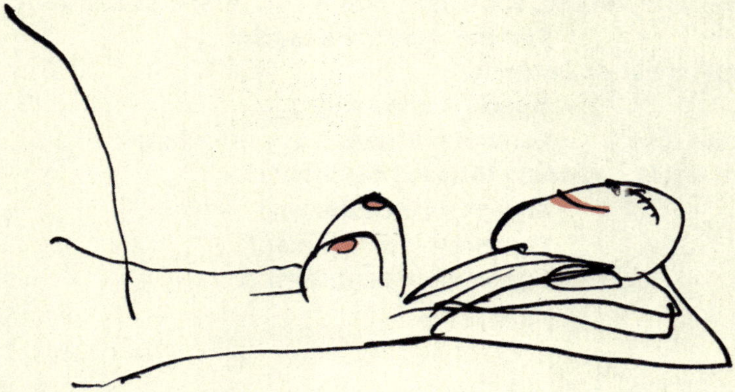

savoir prendre de la distance avec ces pensées, de savoir même les savourer, de ne pas s'en culpabiliser et de savoir aussi jusqu'où aller pour ne pas se prendre au jeu dans la réalité.

Il est faux de considérer qu'une pensée d'adultère est déjà un adultère. Autrefois, on pensait qu'on pouvait pécher « en pensée ». En fait, l'imaginaire érotique, les fantasmes sexuels sont sains à condition de ne pas les confondre avec la réalité. Une personne qui accepte ses fantasmes et s'en sert pour nourrir son énergie sexuelle ou sa vie amoureuse de couple sera tout à fait fidèle et bien équilibrée dans sa relation, qu'elle soit homme ou femme.

Au contraire, s'interdire de regarder qui que ce soit reviendrait à vouloir bâillonner une partie très vivante de soi, celle de la pulsion sexuelle qui a besoin de s'exprimer. Et, à vouloir la contraindre à s'effacer, on risque de laisser cette pulsion grandir souterrainement et chercher à s'exprimer un jour bien plus violemment que par de banals fantasmes d'adultère. ■

Pour trouver une femme, vous avez besoin de temps et d'argent.
Donc : **Femme = temps x argent**
Or, le temps, c'est de l'argent.
Donc : **Temps = argent**
Il en découle que : **Femme = argent x argent = (argent)²**
Or, l'argent est la racine de tous les problèmes.
Donc : **Argent = ($\sqrt{\text{problèmes}}$)**
Alors : **Femme = ($\sqrt{\text{problèmes}}$)²**
Donc : **Femmes = problèmes**

CQFD !

Malade des mathématiques

D'après cette brillante démonstration, les femmes sont des problèmes. Le problème, justement, ce n'est pas la démonstration, très logique, mais ce sont les présupposés. Pour trouver une femme, vous avez besoin de temps et d'argent. Est-ce vrai ? De nombreux hommes le pensent et ce sont peut-être les mêmes qui pensent que l'argent est la racine ou la solution de tous les problèmes. Alors, forcément, avec de telles prémisses, la solution est contenue dans le point de départ. On pourrait dire que ce que vous pensez d'un sujet permet de prévoir comment vont se passer les choses pour vous. Si les femmes sont un problème pour certains, c'est en raison des idées reçues qu'ils ont sur elles.

Or, le « problème », ce n'est pas la vie, ou les femmes, c'est l'idée que l'on s'en fait. Voici un exemple vécu, à la fois terrible et merveilleux. Un homme que je connais, riche depuis longtemps, se trouve ruiné suite à de mauvaises affaires. Il décide alors de se suicider, sans en parler à sa femme ni à ses fils, car il a trop honte de sa situation qu'il pense sans issue. Il se tire une balle dans la tête…

et se rate. Il est cependant hospitalisé et guérit, ne conservant aujourd'hui qu'une cicatrice tout à fait minime.
Quand sa femme apprend cet « accident », elle se précipite à l'hôpital et elle est très en colère : « Pourquoi tu ne m'avais pas parlé de tes problèmes ? Nous sommes mariés tout de même ! Et je sais que tu es un homme formidable, on va se serrer les coudes et s'en sortir... » Cet homme est stupéfait de cette réaction. Il m'explique : « Je pensais que ma femme m'avait épousé pour mon argent, j'étais persuadé qu'elle allait me quitter tout de suite. Et là, j'ai découvert qu'elle m'aimait ! » Cet homme a eu beaucoup de chance. Pourquoi ? Parce qu'il s'en est sorti, bien sûr, mais aussi parce que, souvent, on n'a que ce que l'on mérite. Si vous pensez ne valoir que par l'argent que vous gagnez, vous risquez de rencontrer une femme intéressée uniquement par l'argent. Si vous pensez que les femmes sont aimantes, douces et merveilleuses, vous avez toutes les chances de rencontrer des femmes aimantes, douces et merveilleuses dans votre vie. **C'est votre vision de la vie qui façonne ce que devient réellement votre vie. Et c'est votre vision de la vie qui façonne, pareillement, vos rencontres.** ■

Il y a beaucoup de femmes qui, le lendemain de leur mariage, sont veuves du mari qu'elles avaient imaginé. Donnay

Solitude prématurée

Je me souviens d'une jeune femme qui me disait : « J'ai fait l'amour pour la première fois hier. Mais j'ai été déçue, je pensais que ça durait bien plus longtemps que ça ! » Il est certain que, lors d'un premier rapport sexuel, une femme est souvent déçue. Les statistiques affirment que 90 % des femmes regrettent leur premier rapport sexuel; pour les hommes, les chiffres sont de seulement 10 % de déçus. Pourquoi les femmes sont-elles déçues ?

La première raison est qu'elles ont des attentes qui ne sont pas en phase avec la réalité. Elles imaginent un plaisir dont elles ont entendu parler, qu'elles ont entendu chanter comme le septième ciel, et elles se trouvent face à un frottement de muqueuses qui n'est pas aussi romantique et renversant que prévu.

Si les hommes sont moins souvent déçus, c'est qu'ils sont plus ancrés dans la réalité physique sexuelle. Ils connaissent mieux leur sexe, ils pratiquent plus la masturbation et savent ce qu'ils peuvent attendre du plaisir sexuel. Ils sont d'ailleurs souvent émerveillés de découvrir à quel point c'est meilleur à deux que tout seul.

L'autre raison de la déception féminine est évidemment que le partenaire n'est, en général, pas à la hauteur. C'est évident non parce que les hommes sont maladroits, mais simplement parce que, lorsqu'on débute une vie sexuelle, on ne connaît pas le corps de l'autre. Personne ne vous a appris ce qu'il fallait faire et vous devez vous débrouiller pour inventer votre manière à vous de vous lancer.

On pourrait penser qu'il suffit de demander à la femme ce qu'elle désire, mais ce n'est pas aussi simple. La plupart du temps, elle ne sait pas elle-même ce qui lui plairait. Alors, le chemin du plaisir n'est pas découvert immédiatement.

Un élément participe aussi à la déception : c'est la croyance que la sexualité est innée. Or, si la base est facile à découvrir, le plaisir, lui, s'apprend. Il faut parfois des semaines, des mois, voire des années pour parvenir à un véritable épanouissement. Mais à notre époque du «tout, tout de suite », peu de personnes osent l'exprimer. Bref, cette première fois, qui est souvent décevante, devrait être considérée non comme un point d'arrivée, mais comme un point de départ. Notre destin sexuel n'est pas une fatalité définie par cette première fois. Notre vie sexuelle, nous en sommes responsables ; et la seule façon de s'approcher de ses rêves, c'est d'accepter d'apprendre, d'échanger, de s'exprimer. ■

Un couple de personnes âgées fête ses cinquante ans de concubinage.
– Au bout de ce temps, suggère la vieille dame, on ferait peut-être bien de se marier, non ?
– Tu ne nous as pas regardés, répond l'homme, qui voudrait de nous maintenant ?

Trouver l'âme sœur

Actuellement, en Occident, pour vivre en couple, le mariage n'est plus obligatoire comme il l'a été pendant des siècles. Vivre en concubinage est tout à fait accepté. Même avec des enfants : en France, 40 % des enfants naissent hors mariage.

Pour se marier, il faut une raison plus forte que le désir de faire l'amour sans être mal jugé, ou bien de simplement vivre sous le même toit. De nombreux couples ne se marient donc pas. Après tout, pourquoi pas ?

Pourtant, j'entends en consultation des motivations pas vraiment avouées. Souvent, on affirme que l'on est contre l'institution par exemple, que la société n'a rien à voir dans l'amour que se portent deux personnes. Mais il existe des raisons moins nobles.

Un certain nombre de personnes, hommes ou femmes, qui refusent le mariage expliquent qu'elles n'ont pas encore trouvé l'homme ou la femme de leur vie. Et qu'en attendant il est agréable de vivre à deux, tout en espérant trouver mieux. Cette situation, pas si rare, me semble assez horrible pour deux raisons.

La première, c'est que ces personnes n'ont pas les pieds sur terre. L'amour, ce n'est pas le rêve, le fantasme (en tout cas, pas seulement), c'est surtout ce que l'on réalise. Si vous idéalisez totalement l'autre, l'être qui d'après vous doit vous être destiné, vous risquez d'attendre longtemps et de passer à côté d'une personne riche et merveilleuse sans en avoir conscience, voire de refuser de vous investir totalement dans une relation qui vous paraît insuffisante. Or, la réalité, c'est que toutes les relations sont insuffisantes. Vous ne pourrez jamais être totalement comblé(e). Et ce manque, cette insuffisance, c'est à vous de les remplir, pas à quelqu'un d'idéal que vous espérez rencontrer par miracle.

D'autre part, ce que je trouve très destructeur, c'est d'avoir l'air de montrer à l'autre qu'il n'est pas extra-ordinaire. Chacun de nous a envie de rencontrer quelqu'un qui lui dise : « Tu es la personne la plus merveilleuse que je connaisse. Pour moi, tu as une valeur infinie. Quoi qu'il arrive, je serai là pour toi. Tu es celui (ou celle) que je préférerai toujours... » Bien sûr, on peut me rétorquer que c'est idéaliste. Et, bien évidemment, ça l'est. Mais si, au début d'une vie de couple, vous êtes déjà désabusé(e), si vous pensez déjà que l'autre est « pas mal, mais bof, sans plus », vous risquez de ne pas aller bien loin. Car s'engager, c'est prendre un risque. Si l'on ne prend jamais de risques, on ne risque pas d'être déçu, mais d'être agréablement surpris non plus.
Je rapproche ce fait de ce que racontait une directrice d'agence matrimoniale très sérieuse : « Nous sommes obligés de demander à nos adhérents un certificat de divorce. Sinon, il existe des hommes qui se disent en instance de divorce, alors qu'en réalité leur femme n'est pas au courant. Ils expliquent tranquillement qu'ils cherchent quelqu'un d'autre et que, dès qu'ils auront trouvé, ils divorceront. Nous refusons ce genre de situation très malsaine. » ■

À l'hôpital, deux nouveau-nés, un garçon et une fille, discutent entre eux. La petite fille demande :
– T'es quoi, toi ?
– Je ne sais pas.
– Descends ton drap, demande la petite fille.
Et le petit garçon s'exécute.
– Non, encore plus bas.
Il le descend encore plus.
– Encore un peu plus.
Et il le descend encore.
– Ah, toi, tu es un garçon, dit la petite fille.
– Pourquoi ?
– Ben, parce que tes chaussons sont bleus alors que les miens sont roses.

Pas besoin des chromosomes

Les petits enfants savent qu'il existe des hommes et des femmes. Mais, pour eux, la différence n'est pas sexuelle. Une femme a des cheveux longs et porte une robe, est maquillée, met des talons hauts et ne se comporte pas comme un homme. Ils n'ont pas la notion que leur sexe anatomique est différent. Cette notion n'apparaît que plus tard. Et cela les intéresse alors au plus haut point de le découvrir.
Cette ignorance anatomique de départ explique pourquoi ils sont si attachés à leur apparence. Les garçons n'ont pas envie qu'on les prenne pour des filles et les filles pour des garçons. Les petites filles adorent les cheveux longs car on sait qu'elles sont des filles. Au contraire, les petits garçons n'apprécient pas souvent les cheveux

longs car on risque de les prendre pour des filles. Cela revient à exprimer un point très important : nous avons terriblement besoin de nous sentir bien dans notre sexe social.
C'est une donnée de base tellement évidente que nous n'en avons parfois pas conscience. Pour le réaliser, il faut imaginer des situations particulières. Un couple a un enfant et l'on prévient les jeunes parents à la naissance : « À cause d'une malformation anatomique, personne ne sait pour l'instant s'il s'agit d'un garçon ou d'une fille » !
On pourrait imaginer que ce n'est pas si grave : l'enfant est en bonne santé, c'est un être humain qui a tout ce qu'il faut, à part une petite inconnue... Pourtant, cette situation est terrible, tant nous nous définissons par notre sexe.
Une autre situation qui, elle, vous est certainement arrivée : vous vous trouvez face à quelqu'un et vous ne savez pas s'il s'agit d'un homme ou d'une femme. Ici encore, on pourrait penser que cela n'a guère d'importance, vu que vous n'envisagez absolument pas de vivre une relation sexuelle avec cette personne.
Pourtant, vous vous sentez horriblement gêné(e). Vous avez besoin de savoir si c'est un homme ou une femme pour pouvoir parler et même penser tranquillement. Notre attitude envers l'autre est toujours sensible au sexe de la personne. Même si on n'y prête pas délibérément attention, cette donnée est toujours très présente à notre conscience.
Et cela, même les enfants en ont très tôt conscience. On a ainsi pu prouver que notre attitude n'est pas la même envers une personne de sexe féminin ou masculin : une maman ne porte pas son bébé garçon et son bébé fille de la même manière. Un adulte ne s'adresse pas de la même façon à un homme ou une femme. On n'interprète pas pareillement les pleurs d'une petite fille : on l'imagine triste alors qu'on pense plutôt qu'un petit garçon est en colère. ■

Le matin de son mariage, la fiancée dit à son futur mari :
- Mon chéri, j'ai la conscience trop lourde. Il faut absolument que je te confesse quelques petites aventures sans conséquences que j'ai eues avant notre mariage.
- Si tu as la conscience lourde, tu as aussi la mémoire courte. Tu m'as déjà tout dit avant-hier.
- Justement, ce que j'ai à te raconter date d'hier.

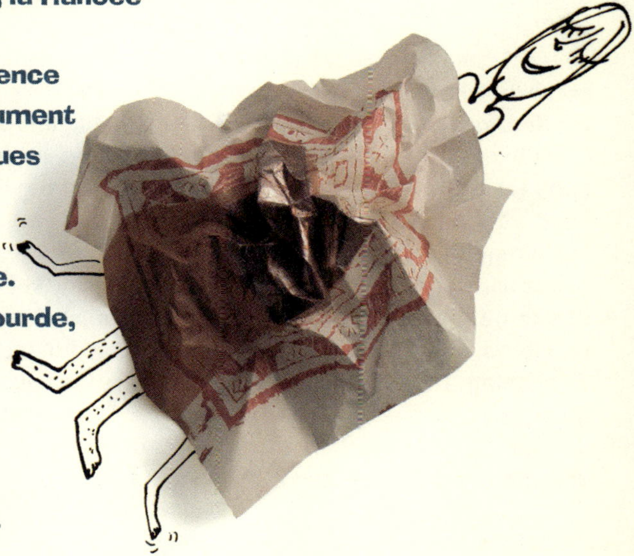

Enterrement de vie de jeune fille

Les enterrements de vie de garçon existent depuis longtemps, mais pour les jeunes filles, le phénomène est plus récent, en France. Cela peut être l'occasion de réjouissances entre copains ou copines, et cela peut être aussi une dernière occasion d'avoir une relation sexuelle d'un soir, sans engagement dans la fidélité. C'est même relativement fréquent, comme dans le cas de cette fiancée, preuve que la fidélité est une notion très importante pour les couples. Si elle ne l'était pas, pourquoi ces rites d'enterrement de vie de célibataire le jour qui précède le mariage ? C'est un peu l'idée : « J'en profite avant de ne plus pouvoir le faire. » Car se marier implique fidélité... du moins dans les textes. Même un mariage non religieux implique cela. Et, ce qui est difficile dans le mariage, ce n'est pas de dire oui à une personne, mais de dire non à toutes les autres. **Heureusement que la plupart des fiancés s'engagent avec élan et motivation,** en pensant qu'il est facile et évident d'être fidèle quand on s'aime. C'est le cas effectivement mais, dans la durée, il est plus difficile de s'aimer que dans les premiers temps amoureux. Il faut sans doute être un peu inconscient pour s'engager. C'est ce qui fait la beauté de l'engagement. Si l'on était sûr et certain que ce soit facile, à quoi bon faire une cérémonie pour le signifier ? Je pense à un jeune homme qui m'avouait : « Je ne veux pas me marier, car je pense que je ne pourrai pas être fidèle toute ma vie. Je le suis pour l'instant (après plusieurs années de vie de couple), mais pour toute la vie, je n'y crois pas... » Il racontait à son amie qu'il était contre le mariage par principe et m'expliquait qu'en fait c'était le contraire, il mettait le mariage si haut qu'il ne se sentait pas à la hauteur. Cet idéalisme extrême est un piège qu'il faut refuser. L'engagement serait si élevé qu'il en deviendrait impossible.

L'idéaliste se condamne à ne rien faire de sa vie, figé par la hauteur des enjeux. Ici, il «oublie » que, pourtant, le divorce n'est pas interdit, au cas où il constaterait que son couple s'éloigne trop de l'idéal posé à l'origine. À l'inverse, il ne s'agit pas de considérer un engagement comme un simple papier que l'on pourrait déchirer à discrétion. Entre ces deux positions extrêmes, il y a peut-être un chemin vivable, à la fois porteur d'avenir, réaliste et constructif. D'autre part, cette histoire peut poser une autre question : toute vérité est-elle bonne à dire ? Après tout, si le mensonge systématique est à proscrire dans un couple, omettre des choses qui peuvent blesser l'autre, surtout si elles se sont produites avant le mariage, vaut mieux que de les raconter le matin même de la cérémonie... à moins que l'on n'ait plus envie de se marier... mais c'est une autre histoire. ■

Un couple chinois se met au lit. Le mari dit :
– Chérie, si on se faisait un 69 ?
– Ah non ! répond la femme, un canard laqué à cette heure-ci, ça ne me dit vraiment rien !

Lancer le programme, mais lequel ?

Les hommes, sitôt rentrés de leur travail, sont capables de se débrancher. Ils oublient ce qu'ils ont fait dans la journée et peuvent se sentir disponibles pour tout autre chose… Pas forcément le sexe, d'ailleurs. Une activité agréable leur permet de décompresser facilement et leur fait du bien.

Mais le problème, c'est que leur femme ne fonctionne pas de la même manière. Elle sort du travail, mais y est encore, en pensée ou émotionnellement. Une femme vit souvent plusieurs réalités parallèles au même moment. Elle est à la maison mais pense à son travail ou à ses enfants ou aux courses à faire. Du coup, elle est moins disponible. Pour qu'elle le soit, car elle peut le devenir, elle a besoin d'une ambiance particulière. Une ambiance qui la mette dans une autre disposition d'esprit. Cela pose souvent problème : pour être dans une autre disposition d'esprit, le mari a besoin de faire l'amour, tandis que, pour faire l'amour, la femme a besoin d'être dans une autre disposition d'esprit. On peut dire que si personne n'y met de bonne volonté, il ne se passera rien…

Alors, si déjà on se comprend, le premier pas est fait. Et, pour avancer, rien de tel qu'un peu d'humour : un regard un peu décalé, source de complicité. Deux solutions extrêmes : soit la femme accepte de faire l'amour en pensant à autre chose, soit le mari ronge son frein. Personne n'est vraiment content. Alors, à vous de trouver des solutions pour que cette différence se transforme en occasions de rires et de plaisirs, et non en guerres de tranchées ou bouderies. Car il y a, ici comme toujours, des tas de solutions agréables, pas une seule. ■

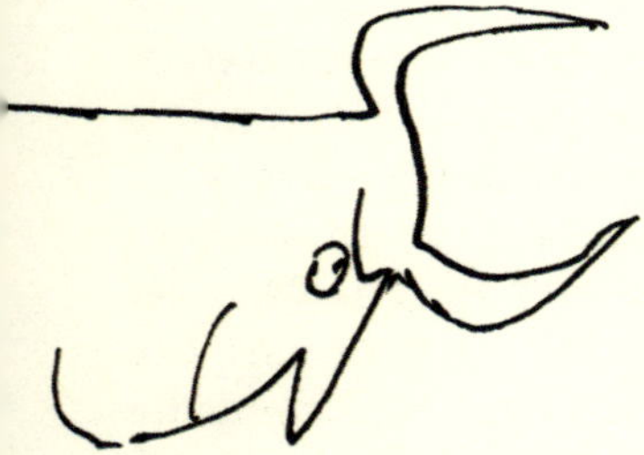

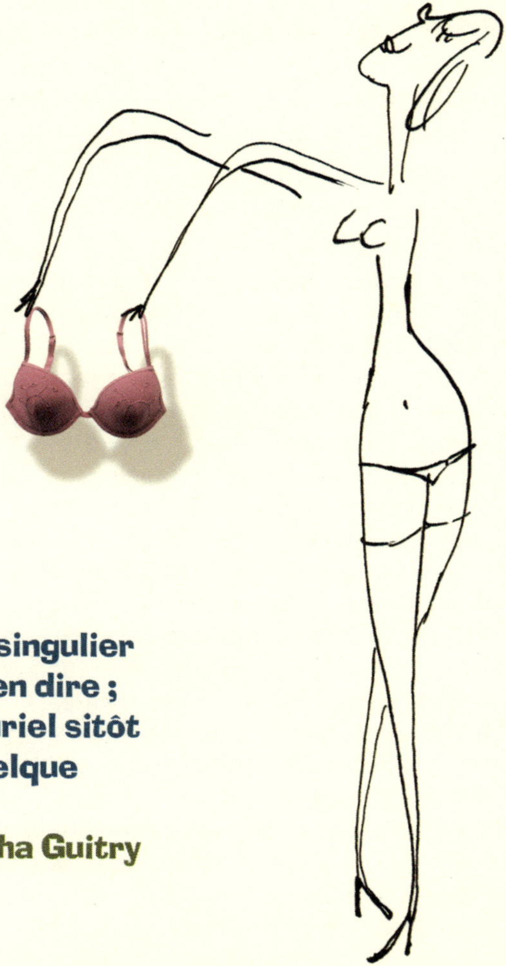

On met la femme au singulier quand on a du bien à en dire ; et l'on en parle au pluriel sitôt qu'elle vous a fait quelque méchanceté.

Sacha Guitry

Toutes les mêmes ?

C'est tellement évident que l'on est étonné de ne pas y avoir pensé tout seul. Quand un homme dit « les femmes sont toutes des... » vous complétez forcément la phrase par un mot qui n'est pas un compliment. Cela relève de ce qu'on appelle une généralisation. Et c'est très fréquent.
En plus, ceux qui affirment que les femmes sont toutes les mêmes y croient dur comme fer. Ils ont vécu quelques expériences malheureuses et pensent que toutes les femmes sont faites sur le même modèle. Le problème, c'est que leurs expériences ont tendance à leur donner raison, et pour un motif très simple : nous avons le chic pour rencontrer toujours le même type de personnes.

Par exemple, un de mes patients me dit : « Les femmes sont toutes les mêmes, elles sont toutes intéressées et ne pensent qu'à l'argent et à profiter de vous... »
Or, c'est vrai pour lui car il ne rencontre réellement que des femmes telles qu'il les décrit. Il a l'impression qu'il n'en existe pas d'autres, ce qui est bien évidemment faux. La bonne question à se poser dans ce cas serait : « Pourquoi est-ce que je rencontre toujours des femmes comme ça ? Qu'est-ce qui fait que seules les femmes intéressées sortent avec moi ? » C'est peut-être que cet homme manque de confiance en lui et réussit à attirer l'attention d'une femme par des cadeaux ou en étalant ses moyens financiers.
Si les hommes peuvent parler des femmes au pluriel pour en dire quelques méchancetés, c'est aussi le cas des femmes envers les hommes : « Les hommes sont tous des salauds, des menteurs, des infidèles, des coureurs, des obsédés... » Et je sais combien c'est faux, pour avoir rencontré tellement d'hommes adorables en consultation, qui me parlent de leur femme avec amour, respect, gentillesse... C'est toujours quelque chose de très émouvant pour moi, qui me touche beaucoup et que j'ai souvent envie de faire partager à des femmes qui critiquent ces hommes. Et c'est tout aussi vrai pour les femmes, bien sûr. ■

Un jeune médecin et sa femme ont une violente dispute...
Le médecin finit par s'énerver et hurler à sa femme :
- Et en plus, tu es nulle au lit !
Et il s'en va au boulot.
Dans la matinée, pris de remords, il décide d'appeler sa femme au téléphone pour s'excuser et tenter de se faire pardonner. Le téléphone sonne, sonne, sonne encore...
Après plus d'une minute de sonnerie, la femme décroche, la voix haletante.
Le mari : - Où étais-tu pour être essoufflée comme ça ?
La femme : - J'étais en haut, dans la chambre.
Le mari : - Et qu'est-ce que tu faisais encore au lit à onze heures du matin ?
La femme : - Je prenais un deuxième avis.

Le retour du boomerang

L'avis d'un médecin, ça compte. C'est pour cette raison qu'un sexologue doit faire très attention à ce qu'il dit. Un patient m'a raconté avoir consulté pour une éjaculation trop rapide. Le sexologue lui a dit : « Ce n'est pas grave ; le seul problème, c'est que cela entraîne souvent des problèmes d'érection à la longue. » C'est totalement faux. Et pourtant, dès le lendemain, cet homme a commencé à avoir des pannes, comme si l'avis de ce prétendu sexologue avait eu un effet terrible. Alors, quand ce médecin est en plus votre amant, cela prend des proportions catastrophiques. Attention donc aux critiques sexuelles, la blessure qui en résulte est souvent très profonde. Pour cicatriser, on a besoin d'un baume, d'un antidote. Et quel meilleur antidote qu'un autre avis ?

Une personne qui se sent critiquée sur sa façon de faire l'amour a facilement envie d'aller voir si un autre partenaire aurait le même avis.
Alors, même si vous pensez que l'autre n'est pas un amant ou une maîtresse extraordinaire, soyez attentif aux messages que vous lui envoyez. Si vous avez envie que l'autre progresse, encouragez-le à faire ce qu'il fait de mieux, guidez-le pour l'améliorer, mais ne le blessez pas, ne l'injuriez pas. Car jamais il n'oubliera vos paroles ; et même si vous les regrettez, vous ne pourrez pas les effacer. Les mots que vous avez prononcés ne vous appartiennent plus.
Je connais une femme à qui son mari reprochait d'être coincée au lit. Elle trouvait ce jugement faux. Du coup, elle a eu une aventure, avec un vrai don Juan, à son travail. Il l'a rassurée et trouvée très épanouie. Elle a même réalisé que c'était son mari qui était coincé, pas elle. ■

Une femme rend visite à son amie à la maternité. Celle-ci vient d'accoucher de triplés.
– C'est fou, tout de même, tu as eu des triplés !
– Oui, et le docteur m'a dit que ça n'arrive qu'une fois sur deux millions.
– Ma pauvre, s'exclame son amie, je comprends pourquoi tu n'as jamais le temps de t'occuper de ta maison.

Procréer, une occupation très prenante...

La fréquence des rapports sexuels des autres couples est forcément un mystère. Personne ne peut savoir ce qui se passe dans le lit des voisins (ou ailleurs, car chacun fait l'amour où il veut). Des enquêtes tentent de répondre à cette question : quelle est la fréquence de leurs relations sexuelles ? Mais une interrogation persiste : les personnes qui participent disent-elles la vérité ? Et jusqu'à quel point ? **Cette femme qui croit que son amie a déjà fait l'amour deux millions de fois n'a pas l'air de trouver ça surprenant.** Quand nous entendons quelque chose de bizarre qui nous intrigue, nous avons tendance à faire semblant de rien. Cela m'est d'ailleurs arrivé au début de ma vie de médecin sexologue. Des patients me disaient : « Vous qui avez l'habitude, vous savez ce que c'est, docteur... » Et moi, je n'en savais rien et j'étais parfois très étonnée. Cela ne m'arrive plus très souvent aujourd'hui. Pour cette jeune maman, même si elle a 40 ans, âge plus très jeune pour une grossesse, deux millions de rapports sexuels, cela signifie qu'elle aurait fait l'amour 137 fois par jour depuis sa naissance ou encore 182 fois par jour si elle avait 45 ans et qu'elle avait commencé sa vie sexuelle à 15 ans. C'est un exploit assez peu enviable, digne de figurer dans *Le livre des records* !
Je note aussi le côté très machiste de cette histoire. Une femme sert soit à faire l'amour, soit à s'occuper de sa maison. Et les deux sont difficiles à concilier, éternel problème de la maman et de la putain. J'imagine que cette blague a peut-être été inventée par un homme. ■

Deux jeunes mariés viennent de quitter la noce. Ils rentrent à l'hôtel pour la nuit tant attendue. Très ému, le mari prend son trousseau de clefs et, tout tremblant, essaie pendant cinq bonnes minutes d'en introduire une dans la serrure.
– Eh bien, soupire la femme, ça promet !

Ouvrir la porte

C'est une métaphore classique que de comparer le sexe masculin à une clef qui cherche la bonne serrure. Et c'est peut-être assez bien vu car, la première fois, il semble normal de ne pas vraiment trouver l'entrée du vagin. Je ne sais pas si c'est normal, mais disons que c'est fréquent et même très fréquent. J'ai régulièrement vu en consultation des hommes me demander comment on faisait pour trouver le « trou » la première fois... Et il n'y a pas de quoi se moquer : ce n'est pas facile pour un homme qui a son premier rapport sexuel de découvrir l'entrée du vagin, qui plus est dans le noir.
Et même une fois qu'il l'a trouvée, il s'agit d'y faire entrer le pénis et c'est un autre problème. Car beaucoup d'hommes sont étonnés de voir qu'il ne s'agit pas d'un trou, mais d'une ouverture, et qu'il faut en écarter les parois pour y pénétrer. Certains hommes et femmes n'imaginent pas une seconde qu'il faut peut-être s'aider avec les mains pour guider les deux sexes l'un vers l'autre et leur permettre de s'emboîter. Alors, ils essaient à l'aveuglette et ça ne se passe pas vraiment bien.
Un livre de David Lodge m'a beaucoup fait rire. Il décrit (dans *Jeux de maux*, je crois) un premier rapport sexuel où ni le garçon, ni la fille (étudiants à l'université) n'imaginent utiliser leurs mains. Ils s'étonnent de ce que le pénis n'a pas l'air d'avoir une tête chercheuse. C'est après quelques expériences

qu'ils réussissent enfin à trouver une solution. Un garçon sans expérience peut s'angoisser et se demander comment il va faire pour trouver le bon geste... en gardant son érection, surtout s'il est un peu stressé.

En plus, j'observe dans cette histoire toute une facette de la pensée de notre société : c'est l'homme qui doit tout savoir faire sexuellement.

Il doit trouver l'entrée de la serrure comme celle du vagin, sinon, ça promet...

Pourquoi est-ce qu'un homme qui n'a pas de vagin et qui n'a jamais vu de vulve devrait-il trouver facilement l'entrée du vagin de sa partenaire ? Pourquoi est-ce que ça ne serait pas à elle de l'aider ?

On a l'impression que tout repose sur les hommes. C'est peut-être une des raisons pour lesquelles il n'est pas si facile d'être un homme ! ■

Un homme se présente chez le père de sa bien-aimée. Celui-ci le reçoit et lui demande ce qui l'amène.
- Je veux vivre avec votre fille.
Le père :
- Vous venez donc me demander la main de ma fille ?
Le jeune homme :
- Ah non ! c'est son sexe qui m'intéresse, parce que si c'est pour faire ça à la main, je peux me servir de la mienne.

À deux, c'est mieux

C'est vrai que le sexe est un avantage de la vie à deux. Plus besoin de s'occuper de ses propres pulsions tout seul. D'autant plus que la masturbation paraît la plupart du temps beaucoup moins savoureuse que le sexe à deux. Pourtant, beaucoup de personnes affirment qu'elles jouissent mieux et plus vite par autostimulation. Et c'est un fait. Quand on s'autostimule, il est facile de choisir les stimulations les plus efficaces et les plus appropriées pour aller jusqu'à l'orgasme. C'est la raison pour laquelle la masturbation permet généralement d'arriver plus rapidement à la décharge orgasmique. Les caresses de l'autre ne sont jamais aussi pertinentes en termes d'efficacité, puisqu'il (ou elle) ne peut pas vraiment savoir ce que l'on ressent. Cependant, même si les stimulations de l'auto-érotisme sont mieux adaptées, plus rapides, elles sont moins bonnes. Rien ne vaut un échange humain, physique, érotique, sentimental, voire intellectuel pour augmenter le niveau de plaisir.

Il est rare de voir une personne préférer la masturbation au sexe à deux. Cela se produit pourtant de temps à autre. Un de mes patients m'a avoué être pressé de se séparer de son amie avec laquelle il vivait, car il pourrait enfin se masturber tranquillement, ce qui lui paraissait nettement supérieur aux relations sexuelles de couple. C'est plutôt triste d'en arriver là. Si le sexe à deux est meilleur, c'est logique : la nature souhaite que nous nous reproduisions. Si le sexe solitaire était supérieur, l'espèce humaine serait sans conteste éteinte depuis longtemps. ■

Un employé arrive en retard au bureau.

Pas de chance, il tombe sur son chef.

– J'espère que vous avez une excuse valable.

– Oh oui ! je viens d'apprendre que j'allais bientôt être papa.

– Félicitations, et c'est pour quand ?

– Pour dans neuf mois !

Félicitations !

Voici un homme qui a raison. Il fait passer l'amour avant le travail. On pourrait penser qu'il n'est pas sérieux. Pourtant, qu'est-ce qui est plus sérieux ? De faire passer sa vie professionnelle avant tout et de négliger l'espace personnel ? Pas si sûr. De nombreux hommes qui avaient fait ce choix finissent par le regretter amèrement. **À 50 ans, ils s'aperçoivent qu'ils sont passés à côté de la vie et qu'un bon compte en banque, une situation admirée ne comblent pas une vie.**

Quand j'entends ces PDG vanter sur tous les tons la mobilité des salariés, je me demande parfois s'ils ont une famille qui compte pour eux. Quand votre conjoint travaille aussi, que vos enfants ont des amis dans leur quartier et leur école, vous n'êtes pas seul(e) en cause.

Je pense à tous les patients qui sont envoyés ici ou là en mission, à tout bout de champ, pour trois semaines, reviennent un week-end et repartent.

Et leur vie familiale dans tout ça ? Et leur vie amoureuse ? Et leur vie sexuelle ? Le monde professionnel semble faire comme si cela n'existait pas. « Faisons comme si de rien n'était, les salariés seront obligés de faire comme s'ils préféraient la vie

de célibataire. » Il y a quelques jours, une chasseuse de têtes expliquait qu'elle ne retiendrait pas la candidature d'une femme qui avait deux petits enfants et qui ne voulait pas de missions trop longues loin de chez elle... « Elle n'est pas assez motivée », a-t-elle expliqué. Quelle est cette société où l'essentiel doit être caché, occulté pour que l'on paraisse dans la norme ?
Alors, je dis bravo à un employé qui pense : « Ce matin, faire l'amour avec ma femme était plus important pour moi que d'arriver à l'heure au travail. » Et en plus, comme l'amour, ça fait du bien, il est fort possible qu'il se révèle nettement plus efficace qu'un autre, plein d'énergie lors d'une journée qui a si bien commencé. ■

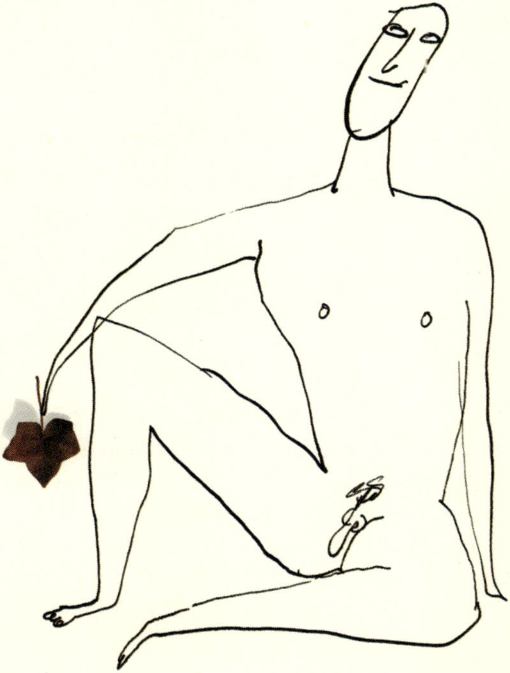

Dans un café-tabac-loto-PMU, un homme dit à son ami :

- Je jouerais bien trois euros au tiercé, mais je ne connais rien aux chevaux...
- Moi non plus, mais j'ai un truc. Fais comme moi, tu verras, ça marche à tous les coups.
- Compte d'abord combien tu as de boutons à ta veste.
- Euh... quatre.
- Parfait. Et à ta chemise ?
- Voyons... cinq... six... sept.
- Très bien. Et combien de fois as-tu fait l'amour à ta femme cette semaine ?
- Eh bien, douze fois !
- Alors ce soir tu joues 4-7-12.

Le soir, le gars écoute les résultats du tiercé. La combinaison gagnante est le 4-7-1.

- Zut ! s'écrie-t-il, désabusé, si j'avais su, j'aurais dit la vérité !

La vérité paie toujours

Le désir de normalité nous fait nous intéresser vivement à la manière dont les autres couples font l'amour. Or, comment le savoir ? Ce n'est pas très facile. La seule manière d'y avoir accès est de mesurer ce qui est mesurable : le nombre de rapports sexuels par semaine, la durée du coït ou des préliminaires... On en retire des chiffres qui, bien sûr, ne veulent pas dire grand-chose. Une relation amoureuse ne peut pas se mesurer ; l'émotionnel, les sensations ont une dimension qui échappe aux chiffres. Ainsi, lors des grandes enquêtes sur la sexualité, la question la plus classique est : « Quelle est la fréquence de vos rapports sexuels ? » La réponse moyenne est généralement deux à trois fois par semaine. Personne ne sait si cela correspond à une réalité ou bien si ceux qui répondent au sondage disent ce qu'ils pensent normal, ce qu'ils aimeraient pratiquer, ou encore ce qu'ils jugent honorable.

D'autre part, si vous êtes au-dessus de la moyenne, *a priori*, vous vous sentez plus actif et épanoui sexuellement. Les statisticiens pensent donc que tous les interviewés ont tendance à enjoliver la réalité et à surestimer le nombre de leurs rapports sexuels.

C'est d'autant plus vrai quand quelqu'un vous pose la question et que vous n'êtes pas anonyme. Ici, il s'agit d'un copain qui, l'air de rien, se renseigne… Et son ami ne veut pas sembler sexuellement frustré et préfère faire envie. Comme le dit le dicton : « Mieux vaut faire envie que pitié ! »

Le personnage de l'histoire sera pourtant puni de ce mensonge par le dieu du tiercé. Notons que son copain semble trouver tout à fait naturel d'imaginer que son collègue fasse l'amour douze fois par semaine.

Peut-être se dit-il : « Je savais que j'étais nul et au-dessous de la moyenne, il faut que j'en parle à ma femme… » Il est puni, dans l'histoire et cela signifie peut-être que si tout le monde ment, tout le monde est perdant : chacun croit avoir une sexualité au-dessous de la norme, alors que simplement tout le monde ment.

Sans aller jusqu'au mensonge, on sait que de nombreuses personnes ne répondent pas correctement à la question « combien de partenaires avez-vous eus dans votre vie ? » Les hommes surestiment systématiquement ce chiffre quand les femmes le sous-estiment. Pourquoi ? C'est que les hommes comptent tout, y compris les flirts (cela fait bien pour un homme d'avoir eu beaucoup d'aventures), alors que les femmes comptabilisent seulement les hommes qui ont vraiment eu de l'importance pour elles, oubliant les aventures passagères : peut-être qu'il est mieux vu pour une femme de se sentir « sérieuse » ! Il ne s'agit pas de mensonges volontaires, mais de jugements différents. ■

– Mon chéri, dit une femme à son mari, la bonne vient de démissionner. Elle me l'a dit en pleurant, et elle disait que tu l'avais insultée et traitée de tous les noms au téléphone.
– Ah zut ! je croyais que c'était toi !

Traitement adapté à la personne

Quand on est un très jeune couple, on se montre sous son meilleur jour. On a très envie d'être apprécié, aimé par l'autre. Et pour cela on est prêt à faire des sacrifices, à se donner beaucoup de mal, car on ne sait pas encore si la relation va durer. Et si l'on a envie que cela dure, il faut montrer le meilleur de soi. Une fois l'autre séduit, une fois le couple engagé, c'est-à-dire une fois que l'autre est en « CDI », on se relâche souvent, et les hommes bien plus que les femmes (c'est peut-être parce que je suis une femme que je juge les choses ainsi). Qu'un homme ne joue pas toute la vie au prince charmant n'est pas spécialement choquant en soi. On ne peut pas vivre en représentation perpétuelle. Ce qui devient choquant, c'est lorsqu'on passe à l'extrême inverse. Cet homme, comme beaucoup d'autres, finit par traiter sa femme comme il n'oserait pas traiter une employée. Il peut l'insulter, il sait (ou il croit) qu'elle restera, puisqu'elle est mariée.
La bonne, elle, n'est pas prête à en supporter autant. C'est peut-être aussi la faute de la femme si elle permet qu'on la traite d'une manière qu'aucun employé n'accepterait. Pourtant, ce sont les personnes les plus proches de nous que nous devrions le plus respecter. Je remarque qu'il existe des hommes qui ont un problème très grave avec l'intimité. Avec des inconnus, des gens de l'extérieur, ils sont tout à fait charmants, mais dans l'intimité familiale ce sont des rustres, parfois même des monstres, sans que cela transparaisse à l'extérieur. Ils créent une atmosphère infernale en famille, insoupçonnable de l'extérieur. Si l'on ne respecte pas son partenaire, cela finit par miner les fondations du couple. ■

Une petite fille de 9 ans demande à sa maman :
– Quel âge as-tu, maman ?
– Cela ne se demande pas, ma chérie, lui répond sa mère.
– Combien tu mesures, maman ?
– Cela n'est pas important, ma chérie, reprend la mère.
– Maman, pourquoi toi et papa avez divorcé ? demande encore la petite fille.
– Cela ne te regarde pas, ma chérie, dit la mère, voulant clore cette discussion.
À l'école, la petite fille demande à sa meilleure amie pourquoi les adultes ne parlent pas de ces choses-là.
Sa copine lui répond :
– Tu sais, toutes les réponses à nos questions sont sur leur carte d'identité.
Le lendemain, la petite fille fouille dans le sac à main de sa mère et trouve sa carte. Elle est ravie de voir que son amie disait vrai, toutes les réponses à ses questions s'y trouvent ! Elle court alors voir sa mère et lui dit :
– Maman, je connais ton âge.
– Ah oui ? Et j'ai quel âge ?
– 36 ans. Et je sais combien tu mesures.
– Ah oui ? Combien ?
– 1,71 mètre.
– Et je sais aussi pourquoi toi et papa avez divorcé.
– Eh bien cela m'étonnerait fort !
– Tu as eu un F en sexe... et ce n'est vraiment pas une bonne note !

Bon en sexe

Voilà une petite fille qui croit qu'il faut une bonne note en sexe pour trouver et garder un mari. Pourtant, ce n'est pas la réalité. Bien sûr, quand, dans un couple, le sexe fonctionne bien, c'est agréable et c'est un très bon point. Mais c'est loin d'être le critère déterminant pour la réussite d'un couple. Malheureusement, beaucoup de femmes pensent aujourd'hui que, pour plaire à un homme, pour qu'il s'engage avec vous, il faut être « bonne au lit ». Or, un homme ne souhaite pas forcément que sa femme soit une bombe sexuelle.

D'autant plus que nous sommes tous sexuellement à l'image de ce que nous sommes dans la vie : timide ou extraverti, suractif ou plutôt calme, intellectuel ou manuel... Alors, quand on épouse quelqu'un, on le prend forcément dans son ensemble. Cela dit, la carte d'identité exprime une chose importante. Dans le sexe, ce qui compte le plus n'est pas notre pratique, mais notre identité sexuée.

En effet, quand on y réfléchit, à quoi cela peut-il servir de noter Homme ou Femme sur la carte d'identité ? Cela pourrait ne pas être essentiel. Et pourtant, ça l'est.

Se sentir homme ou femme, cela compte. Et c'est vrai aussi dans la sexualité. Un homme qui se sent vraiment homme, viril et bien dans son sexe sera un amant bien meilleur qu'un homme qui ne se sent pas pleinement homme. De même, une femme bien dans sa féminité pourra se révéler à l'aise dans sa sexualité alors que, si elle peine à accepter cette féminité, cela bloquera l'expression de ses émotions et ses désirs. ■

Devinette : – Pourquoi ai-je 50 % de chances de coucher avec Monica Bellucci ?

Réponse : – Parce que moi, je suis d'accord !

Accord imparfait

Le consentement est une notion capitale en amour. Et pourtant, si cette devinette vous semble presque stupide, elle me frappe car elle fait écho à un instant vécu. J'étais présente comme observatrice dans une classe de lycée lors d'une intervention sur la sexualité proposée par le CRIPS (Centre Régional d'Information et de Prévention contre le Sida). Il s'agissait d'une classe de garçons avec une seule fille. Un élève a levé le doigt pour répondre à une question et dit : « Oui, mais monsieur, même si la fille n'est pas d'accord pour faire l'amour mais que moi je le suis, ça fait déjà 50 % de satisfaits... » Et ce n'était absolument pas de l'humour. L'animateur a répondu par une question : « Et vous, qu'en pensez-vous ? » Et plusieurs garçons ont répliqué : « Non, c'est interdit par la loi, c'est un viol... »

C'est vrai, bien sûr. Mais cet animateur était vraiment mieux que ça. Il a demandé à nouveau : « Oui, c'est interdit par la loi, c'est un viol. Mais même si ce n'était pas interdit, est-ce que vous pensez que ça serait une chose normale ? » Et c'est là que la discussion a commencé. Ce moment m'a beaucoup marquée, d'autant plus que l'infirmière du lycée, présente lors de l'intervention, nous a expliqué que la seule fille de la classe avait subi un viol (mais pas par les garçons de sa classe). Ce qui est essentiel, c'est de prendre conscience de nos propres obsessions d'éducateurs. **Nous voulons apprendre aux enfants à se défendre contre des agresseurs sexuels, car on voit les enfants comme des victimes potentielles. Mais il est aussi important de leur apprendre à respecter les autres.** En effet, un enfant peut aussi être un agresseur potentiel. La plupart des personnes pédophiles disent que leurs pulsions remontent à très loin dans le temps, souvent à l'époque du collège. Bien sûr, à ce moment-là, elles n'avaient pas conscience, la plupart du temps, qu'il y avait une anomalie dans leur psychisme. Ainsi, la prévention doit aller dans les deux directions : apprendre à se protéger et aussi à ne pas agresser. ■

Il est déjà deux heures du matin, ils passent une soirée entre potes. Olivier en est à sa vingtième bière et Éric attaque son douzième triple whisky :
- Tu sais pas quoi ? Je viens de m'acheter la dernière Mercedes.
- Ah, c'est bien, ça. Elle est belle, économique et ne pollue pas...
- Non, ça je m'en fiche. Je l'ai achetée parce qu'elle ne fait pas de bruit. Comme ça, quand je rentre à quatre heures du matin, c'est mieux. En plus, j'ai acheté un portail électrique télécommandé hyper-silencieux. J'ai molletonné la niche de mon chien : quand j'arrive, il ne m'entend pas, il n'aboie plus et, même s'il aboyait, ma femme ne l'entendrait pas de la maison. J'ai monté ma porte de garage sur vérins hydrauliques et j'ai mis dans mon garage le même revêtement que dans mon parking. De la maison, tu n'entends pas un bruit. J'ai remplacé mes escaliers en bois par des escaliers en pierre avec de la moquette dessus. Quand tu marches dessus, ça fait pas un bruit, tu n'entends rien. J'ai carrément enlevé les portes pour ne plus avoir à les ouvrir. Du coup, pas de grincements. J'ai acheté aussi le dernier matelas Epeda Multi Spire : quand tu t'assois dessus, la personne allongée à côté ne bouge pas d'un millimètre... Eh bien, malgré tous ces investissements, quand je rentre à quatre heures du matin, ma femme se réveille toujours et j'ai droit à la même scène :
- D'où tu viens ? Tu as encore pris une cuite avec tes copains idiots !
- Ah ben, mon pauvre vieux, tu ne sais pas te débrouiller ! Moi, quand je rentre à quatre heures du matin avec le Range Rover trois litres diesel, je mets

un petit coup sec dans mon portail en métal pour l'ouvrir et ça fait un boucan du tonnerre. Et puis, je rentre dans ma cour, je me fais deux ou trois freins à main pour la forme, le chien hurle comme c'est pas permis. Je rentre dans mon garage pareil, en mettant un petit coup sec avec la bagnole, je sors en chantant à tue-tête. Je monte quatre à quatre les escaliers en bois qui grincent, je claque toutes les portes, je vais dans le frigo boire une dernière bière, je mets la radio, je bâfre en faisant un boucan fou, je vais dans ma piaule où il y a ma femme qui dort, je me vautre sur le matelas les bras en croix en gueulant : « Waou ! Après une bonne cuite comme ça, j'aimerais bien une petite pipe, moi ! Ma soirée serait totalement géniale !
- Eh bien, vois-tu, ma femme, elle ne se réveille jamais...

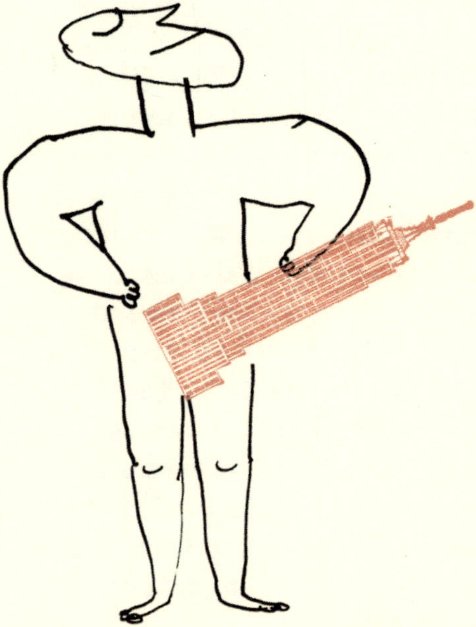

Précautions inutiles

Dans un couple, vous occupez, par rapport à votre conjoint, la place que vous prenez. Ici, cet homme silencieux prend peu de place. Il donne le pouvoir à sa femme, il lui donne le pouvoir de le gronder, comme s'il était un petit enfant. Elle le juge et il se sent coupable, inférieur. Il peut penser qu'il a une femme désagréable, et c'est peut-être vrai. Mais, en pensant de cette manière, il ne réalise pas que c'est lui qui, sans même en avoir conscience, donne à sa femme le pouvoir de le réprimander. Il n'occupe pas une place d'égal à égal, il se positionne en situation d'infériorité. Parce qu'il se sent certainement coupable de sortir et de boire. A-t-il raison ? Sans doute pas. Il pourrait estimer qu'il est adulte et qu'il a parfaitement le droit de sortir avec ses copains de temps à autre. Ou alors, il pourrait aussi penser qu'il a un problème (alcoolisme, mésentente conjugale qui lui fait fuir son foyer...) et il devrait alors chercher à le résoudre.

Ici, il se considère comme un enfant, ce qui l'empêche d'agir de manière adulte. Ce n'est pas seulement l'autre qui vous donne une place, c'est aussi vous qui la prenez. Et votre partenaire occupe la place que vous lui laissez. Si vos actes vous culpabilisent, vous donnez du pouvoir à l'autre, celui de vous juger et d'appuyer votre jugement.

Le deuxième copain trouve que les sorties, ça fait partie de la vie et qu'il n'y a pas de quoi se sentir coupable. Il arrive chez lui non pas comme un enfant coupable, mais comme un chef de famille qui estime qu'il a le droit de vivre sa vie. Et sa femme, elle, prend alors une tout autre place. Elle lui laisse la main. Comme elle n'a visiblement pas envie d'un rapport sexuel avec un homme ivre à cette heure indue, elle continue à faire semblant de dormir.

Bien sûr, cette histoire est exagérée, mais elle se vit quotidiennement dans beaucoup de couples. On considère que l'autre nous critique trop, sans souvent réaliser que c'est nous-même qui donnons prise à la critique. Avant d'attribuer à l'autre les difficultés que nous vivons, il serait plus simple et surtout plus efficace de penser : « Comment puis-je agir différemment pour rééquilibrer notre relation ? » ■

Une jeune fille amoureuse sort avec un garçon pour la première fois... Elle le prévient :
— Tu sais, ma mère m'a fait jurer de répondre « non » à toutes tes demandes !
Le jeune homme lui répond :
— Ah... Alors, dans ce cas, ça te dérange si on fait l'amour ce soir ?

Première sortie

Les adultes aimeraient tellement contrôler la vie amoureuse et sexuelle de leurs enfants ! Ils leur donnent des conseils, les mettent en garde. Ils oublient parfois leur propre adolescence. Il semble pourtant que les adultes devraient laisser une autonomie sur ces plans-là à leurs enfants. Leur vie sexuelle ne les regarde pas, elle fait partie de leur intimité. Ce qui est l'affaire des adultes, c'est de donner aux jeunes les éléments nécessaires pour savoir vivre des histoires d'amour, éviter de se faire du mal et survivre aux histoires d'amour qui tournent mal. Mais ils ne pourront faire l'économie des expériences.
Vouloir s'insinuer dans la vie sexuelle concrète, comme le fait ici cette mère, en donnant des conseils très pratiques et pensant bien faire, est très intrusif et fait peut-être même preuve de voyeurisme. D'ailleurs, et si sa fille avait envie de dire oui ? C'est son droit le plus strict... à condition d'être capable d'en assumer les conséquences. **Il est donc plus intelligent de la part des parents de donner à leurs enfants les outils pour réfléchir, pour décider de leurs choix.** De toute manière, comme on le voit ici, la tentative de la mère de tout contrôler est vouée à l'échec. Quand de jeunes adultes ont envie de réaliser leur vie amoureuse, ils savent très bien se débrouiller, même contre l'avis des parents. Alors, plutôt que de se bercer d'illusions sur notre autorité parentale, il vaut mieux voir la réalité en face et s'y adapter. Le message à faire passer est peut-être le suivant : « J'ai envie que tu sois heureux(se) sur le plan amoureux et sexuel, alors, je vais t'expliquer comment je vois les choses et pourquoi. À partir de là, à toi de te faire ta propre idée... » ■

3

Décoder l'autre

Un tout jeune homme dit à sa copine :
– Tous les deux, on va vraiment pouvoir profiter de la soirée : j'ai pris trois places pour le théâtre !
Son amie lui répond :
– Pourquoi trois places ? Deux places suffisent !
– Mais non : une place pour ton père, une pour ta mère et une pour ta petite sœur !

De l'air !!!

Quand on habite chez ses parents, il est souvent difficile de trouver un espace pour l'intimité amoureuse. On en arrive parfois à demander aux parents la permission de faire l'amour avec son copain ou sa copine. Et ce n'est pas une bonne idée. En effet, les parents ne devraient pas avoir de droit de regard sur la vie sexuelle de leurs enfants. À partir du moment où l'on s'estime mature pour avoir une vie sexuelle, on doit se débrouiller seul(e) pour l'assumer. C'est normal et évident, car faire l'amour est un geste adulte. Les parents ont bien sûr un devoir d'information, mais il serait malsain qu'ils disent : « C'est moi qui peux juger si oui ou non tu es prêt(e) à faire l'amour. » Quand on est jeune, il faut donc s'organiser. Une solution très pratiquée, c'est l'amour en pleine nature ! C'est ainsi qu'un grand nombre de premières relations sexuelles ont lieu l'été, lorsque le temps se prête à des ébats au grand air. Sinon, il est toujours possible de squatter chez un copain... ou de prendre des billets de théâtre pour la famille. Quand on s'aime, on trouve toujours une solution ! ■

Pour ne pas choquer les enfants, un couple décide d'utiliser un code entre eux quand ils ont envie de faire l'amour.
La femme propose :
– Quand nous en aurons envie, il suffira de dire : « Il est temps de faire une lessive...
Le soir, à table, le mari propose :
– Chérie, j'ai du linge sale, tu ne voudrais pas faire une lessive ?
Elle répond :
– Ah, mon cœur, ce n'est pas possible pour l'instant : la machine est en panne.
Et ils vont se coucher tranquillement. Mais, au milieu de la nuit, elle a des remords. Elle réveille le mari et lui dit :
– Chéri, la machine à laver est réparée. Si on la faisait, cette lessive.
Alors le mari répond :
– Ah ! c'est gentil, mais ce n'était qu'une petite lessive. Je l'ai faite à la main !

Da Sexy Code

Dans un couple, on observe souvent un langage amoureux et sexuel très personnel. On peut utiliser un vocabulaire imagé pour parler de sexualité, mais aussi donner des noms inattendus aux sexes... Par exemple, cette jeune fille qui, avec son ami, appelait son clitoris « bingo », parce que, « quand tu le caresses, ça marche à tous les coups ! » Ou encore ce couple qui, lui, ne parle pas de lessive, mais dit plutôt : « Quand est-ce que tu viens me rendre une petite visite ? » Ce langage inventé à deux rapproche. Il est plus souvent le signe d'une intimité qu'une volonté de cacher ses activités sexuelles aux enfants ou à d'autres adultes. En effet, quand on est capable de s'amuser avec le sexe, d'en sourire, c'est le signe que l'on est à l'aise pour trouver parfaitement naturelle l'activité sexuelle.

Comme chez ce couple qui n'est pas en phase au début, il arrive fréquemment que le rythme idéal des relations sexuelles ne soit pas le même pour les deux partenaires.
Un décalage se fait entre celui qui a plus souvent envie de faire l'amour et l'autre qui, se sentant trop souvent sollicité, a tendance à avoir de moins en moins envie. Quelle est la solution ? Il s'agit de trouver un rythme amoureux qui convienne aux deux amants. Par moment, l'un d'entre eux restera un peu sur sa faim et parfois, au contraire, l'autre se laissera convaincre même quand l'envie n'est pas vraiment là au départ.
Oui, mais la sagesse n'est pas si facile à trouver. L'homme, s'il est plus en demande, comme dans cette histoire, peut se sentir de plus en plus frustré. En effet, pour un homme, il existe souvent une fréquence éjaculatoire idéale : il ressent le besoin d'éjaculer une fois par semaine, deux fois, trois ou quatre... C'est une sorte de besoin physique qui, lorsqu'il n'est pas satisfait entraîne pour lui une certaine tension. Et cette tension est désagréable.

Alors, la meilleure solution, si sa partenaire n'est pas disponible, c'est certainement la « lessive à la main », c'est-à-dire la masturbation ! En effet, cette tension n'est pas forcément signe d'un besoin amoureux profond, ni d'un manque relationnel. C'est sans doute plutôt que cet homme privilégie la sexualité pour évacuer ses tensions, alors que d'autres hommes ont trouvé d'autres solutions pratiques non sexuelles, comme, par exemple, le sport ou la relaxation...
L'important pour trouver son équilibre, c'est d'avoir bien conscience que la masturbation ne se fait pas contre l'autre, qu'elle n'est pas forcément le signe d'une adolescence prolongée ou d'un déséquilibre. Elle peut au contraire permettre à deux personnes très différentes de s'harmoniser plus facilement. Et, pour la partenaire, il est essentiel de ne pas se sentir délaissée ou bafouée parce que l'autre continue à pratiquer la masturbation. C'est possible, même si l'homme est très épanoui dans sa vie de couple. Je pense à un patient qui me disait : « Ma femme, je l'adore, mais la pauvre, je ne peux pas lui demander de faire l'amour à chaque fois que j'ai une petite envie. Sinon, elle serait débordée. Je sais que ça serait beaucoup trop pour elle ! » Or ce couple, marié depuis plus de dix ans, faisait l'amour trois fois par semaine et avec grand plaisir. Cet homme ressentait pourtant le besoin d'éjaculer beaucoup plus souvent... La masturbation peut donc servir de régulateur dans un couple. ■

Un jeune couple très timide
va consulter un sexologue
pour que les «choses du sexe»
lui soient plus familières et,
en particulier, pour apprendre
le langage du corps.
Après la première séance,
les jeunes époux rentrent
à la maison et s'apprêtent
à passer à la pratique.
Le mari dit à sa femme :
– Bon alors maintenant,
quand je voudrai faire l'amour,
je te caresserai le sein droit...
Et quand je ne voudrai pas
faire l'amour, je te caresserai
le sein gauche.
Sa femme : – D'accord. Et moi,
comment je procède ?
Le mari : – C'est simple. Si tu
veux faire l'amour, tu caresses
mon pénis une fois... Et si tu ne
veux pas le faire, tu le caresses
deux cents fois.

Le langage du corps

Se dire qu'on a envie de faire l'amour n'est pas toujours facile. Car notre éducation nous a rarement préparés à ce genre de communication. Certains couples trouvent une solution à eux et conviennent d'un code, pas forcément corporel. Ainsi, une femme prévenait son mari qu'elle avait envie de faire l'amour le soir en disposant dans l'entrée une fleur dans un vase avant qu'il ne rentre du travail. Cela peut paraître « bébête », mais ça l'est certainement moins que de ne pas oser s'exprimer. Et c'est important, car se sentir désiré est un stimulant du désir et de l'amour. Les femmes sont nombreuses à me raconter qu'elles n'osent jamais manifester leur désir alors qu'elles le ressentent régulièrement.
Pourquoi est-ce si important de montrer son attirance, son envie de faire l'amour ? C'est que les désirs de deux personnes sont rarement exactement en phase. Ils peuvent l'être au début d'une relation dans l'élan passionnel, ou simplement lorsqu'on ne se voit pas souvent. La rencontre déclenche alors

à elle seule le désir. Mais quand on vit ensemble, à long terme, on ne peut être continuellement dans cette émotion, tout simplement parce que la vie reprend son cours et qu'il y a d'autres choses indispensables ou intéressantes à faire sur Terre ! Pour se mettre en phase, la seule solution est de s'ouvrir à l'autre de ses envies au moment où on les ressent. Les couples où l'un des deux partenaires a du mal à communiquer sur ce terrain souffrent forcément d'un manque.

Et puis, même quand les désirs ne sont pas en phase, on peut très bien avoir envie de faire plaisir à l'autre.

Les caresses sexuelles sont un cadeau très agréable. Une femme ou un homme qui n'a pas envie de faire l'amour peut très bien être heureux de donner, généreusement, du plaisir à l'autre par des caresses. On peut aimer donner, sans toujours souhaiter éprouver une excitation et un orgasme. Dans ce cas, offrir deux cents caresses à l'autre, c'est bien, mais l'essentiel n'est pas affaire de quantité. À chacun de sentir et d'agir en écoutant l'autre, aussi. Et il est important que ce don soit gratuit et fait de bon cœur… ■

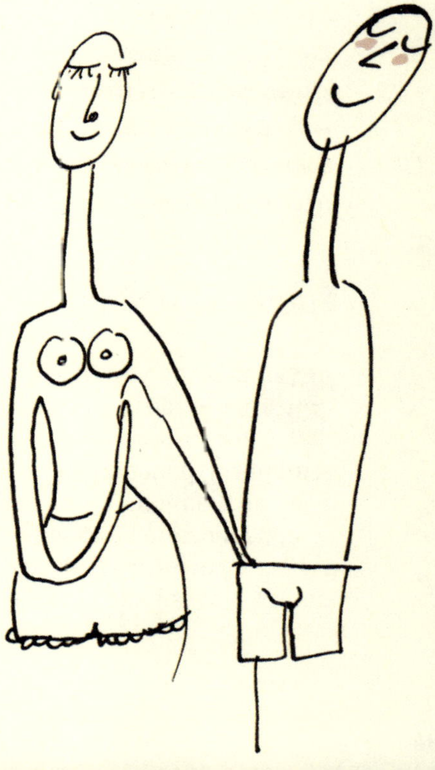

Un petit garçon entre dans la chambre de ses parents le soir. Son père est seul au lit et l'édredon forme une drôle de bosse ! Son fils la regarde, étonné, et demande :
– C'est quoi, ça, papa ?
– Va voir ta mère et dis-lui que le chapiteau est dressé et que la représentation va commencer.
Le fils descend les escaliers et remonte quelques minutes plus tard :
– Maman a dit que la représentation doit être annulée parce que le petit clown a le nez qui saigne.

Subtile discrétion

Parler de sexualité à ses enfants reste difficile. Pourtant, sans parler de la manière de faire l'amour à sa femme, un père peut très bien parler de l'érection à son fils ! Cela fait partie de la vie et même un petit garçon sait très bien ce qu'est une érection. Comme disait un enfant de 6 ans : « Parfois, j'ai le zizi en tour Eiffel ! »
Le papa de cette histoire aurait très bien pu expliquer à son fils que parfois le pénis grossit et qu'il a aussi dû le constater… C'est une bonne idée de placer juste ce genre d'information, simplement histoire de

montrer que cet organe fait partie intégrante du corps et qu'il n'y a aucune honte à en parler. En s'exprimant de manière extrêmement détournée comme le fait ce papa, on n'aide pas un enfant à devenir à l'aise avec son corps et à en parler quand c'est nécessaire. Cette remarque paraît peut-être exagérée, mais le non-dit peut avoir des conséquences graves sur l'épanouissement de la sexualité future de l'enfant.

D'un autre côté, avoir un code de langage amoureux est un bon signe d'intimité de couple, comme ici cet homme qui utilise une métaphore connue seulement de lui et de sa femme.

Dans ce couple, cependant, faire l'amour pendant les règles semble poser problème. Encore aujourd'hui, de nombreuses personnes imaginent que faire l'amour à cette période n'est pas possible. Or, c'est totalement faux. D'autant plus que certaines femmes ressentent un désir plus fort ces jours-là. Le sang n'est pas une substance sale, bien au contraire, il est tout à fait propre et même stérile quand il sort de l'utérus. Il peut même se révéler très utile et faire office de lubrifiant.

Cela dit, personne n'est obligé de se forcer à faire l'amour au moment des règles, car le sang peut rebuter un homme ou une femme, évoquant pour certains une blessure, et cela d'autant plus si une femme souffre de ses règles.

J'ajoute que, dans un couple non stable, le préservatif est encore plus indispensable pendant les règles. Car, en cas d'IST (Infection Sexuellement Transmissible, sida, herpès...), la transmission se fait de manière encore plus certaine par l'intermédiaire du sang. C'est donc une période à risque augmenté. ■

Un couple revient du cimetière.
– Ouf, excuse-moi de te le dire, mais, maintenant qu'on a enterré ta mère, on va enfin pouvoir être tranquilles !
– Comment ça, enterré ma mère ? Mais j'ai toujours cru que c'était la tienne !

Vieille sorcière !

Dans un couple, ce sont parfois les choses les plus évidentes qu'on ne se dit pas ! La communication pèche souvent. Pourtant, c'est un grand facteur de mésentente. Quand on ne se dit pas les choses importantes, cela peut aller très loin. On peut se gâcher toute la vie pour une chose sans aucune importance, simplement parce qu'on n'en a pas parlé.

C'est aussi très vrai sur le plan sexuel. J'ai suivi un couple qui parlait très rarement de sexualité. J'ai par exemple demandé à la femme, devant son mari :

– Que préférez-vous quand vous faites l'amour avec votre conjoint ?

– Mon plus grand moment de plaisir, a-t-elle répondu, c'est quand il me caresse le sexe.

– Ah bon, est intervenu son mari, je ne le savais pas. Tu ne me l'as jamais dit !

Leur mariage avait alors à peu près vingt ans.

– Et qu'est-ce qui vous déplaît le plus ?

– C'est quand il me caresse les seins, il est toujours trop brutal. Souvent, il me fait mal.

– Mais, tu ne me l'avais jamais dit !

– Si, je te l'ai déjà dit…

Elle l'avait effectivement exprimé deux fois en… vingt ans !

Le mari, de son côté, pensait que son éjaculation relativement rapide frustrait beaucoup sa femme. Ce n'était pourtant pas le cas, d'après elle. Car ce qu'elle appréciait le plus dans leur sexualité, c'était bien les caresses douces sur son sexe à elle. Il est vraiment dommage, pour quelques mots non exprimés, de ne pas mieux s'accorder alors que l'on a tout ce qu'il faut pour cela : la compétence, le désir d'être bien ensemble… ■

Marine raconte à une collègue de travail :

– Tu connais mon mari, Olivier, et tu sais combien il est macho. Nous avons beau travailler à plein temps tous les deux, il trouve que les tâches ménagères sont faites pour les femmes. Pas question qu'il s'occupe des enfants et encore moins du ménage ! Eh bien, hier, Olivier a lu dans *Elle* que les femmes étaient nettement plus disposées pour l'amour lorsqu'elles n'étaient pas fatiguées d'avoir cumulé leur travail et les tâches ménagères. Résultat, quand je suis rentrée de mon travail, il avait donné le bain aux enfants, mis du linge à laver dans la machine, préparé le repas du soir et disposé la table de manière romantique avec chandelles, bouquet de fleurs et tout et tout !

– Alors, demande la copine, les yeux coquins, comment ça s'est terminé ?

– Eh bien, le repas était excellent, explique Marine. Olivier avait même passé l'aspirateur et aidé les enfants à faire leurs devoirs avant de les emmener se coucher. Vraiment, c'était une soirée formidable.

– Oui, mais après ! insiste la collègue, frustrée de ne pas connaître la fin de la soirée. Vous êtes allés vous coucher ?

– Heu... c'est là que j'ai été un peu déçue, avoue Marine. Olivier était trop fatigué pour faire quoi que ce soit et il s'est endormi comme une masse !

Partage équitable !

Bon nombre d'hommes s'imaginent encore que les femmes ressentent moins d'élan, moins de désir sexuel qu'eux. Or, si leur désir est certainement différent, il faudrait comparer des choses comparables. Si, dans la vie réelle, les femmes n'avaient pas plus de tâches ménagères à effectuer que les hommes, il serait possible qu'elles ressentent plus de désir. Combien de jeunes femmes, aimant leur conjoint, ne voyons-nous pas épuisées par une double vie, voire une triple vie : enfants, travail, tâches ménagères et en plus relations amoureuses. Il est difficile de tout concilier. D'autant que, si le conjoint ne fait rien, il s'installe chez sa partenaire un ressentiment terrible, totalement destructeur pour le désir sexuel. **L'amour, ce n'est pas seulement se dire que l'on s'aime,** se le montrer en faisant l'amour, c'est aussi être attentif à l'autre et à son bien-être... donc partager l'agréable comme le moins agréable, à savoir les contraintes de la vie quotidienne.

J'aimerais beaucoup lire une étude sur le désir comparé des hommes et des femmes en fonction du nombre d'heures de travail effectif par jour (ménager ou professionnel). Il est fort probable que l'on serait extrêmement surpris des résultats ! ■

Michel invite Hervé, un copain de travail, à passer chez lui le soir pour boire un verre. Lorsqu'ils arrivent à la maison, Michel embrasse sa femme et lui dit :
– Comme tu es belle aujourd'hui et comme tu m'as manqué au travail !
Puis il présente Hervé et les deux hommes s'installent pour prendre l'apéritif pendant que madame prépare le dîner. Lors de la discussion, Hervé s'étonne de voir que son ami est extrêmement attentionné envers sa femme, sans cesse en train de la complimenter et de lui faire des bisous, comme s'ils étaient de jeunes mariés, alors qu'ils sont ensemble depuis quinze ans...
Michel lui explique discrètement son secret :
– J'ai commencé à agir comme cela il y a six mois.
À ce moment-là, plus rien n'allait entre nous. Et dès que j'ai montré à ma femme qu'elle était au centre de mes préoccupations, ma vie de couple est devenue merveilleuse... Tu devrais essayer ça toi aussi avec Hélène.
Le soir même, Hervé rentre chez lui : il embrasse sa femme tendrement et lui dit :
– Je t'aime, tu es très belle tu sais...
Et sa femme fond en larmes. Hervé ne comprend pas et lui demande ce qui ne va pas. Hélène lui répond :
– C'est le pire jour de ma vie ! Ce matin, Maxime est tombé de vélo et s'est blessé, ensuite le lave-linge a débordé et tout le sous-sol est inondé. Et maintenant il y a toi qui rentres à la maison complètement ivre...

Savoir parler aux femmes

Michel est un homme comme on en voudrait beaucoup. Rien ne va plus entre sa femme et lui, et au lieu de la dénigrer, il se pose une question : « Comment faire pour que ça aille mieux ? » Se poser la question, c'est déjà y répondre. La meilleure solution qu'il trouve, c'est de mettre sa femme au centre de ses préoccupations ! Et cela fonctionne mieux encore qu'il ne l'imaginait. Pourtant, combien d'hommes, alors que leur épouse est le pivot de leur vie, ne le lui disent jamais ou même ne le réalisent pas ? C'est le jour où elle s'en va qu'ils vous disent : « Elle comptait beaucoup pour moi », ou même « elle était tout pour moi ». Quel dommage de ne pas le lui avoir dit plus tôt !
Cela montre que l'amour n'est pas, comme beaucoup le pensent, totalement incontrôlable. On entend souvent des hommes ou des femmes dire « que voulez-vous, on ne s'aime plus », alors que, pour s'aimer, pour continuer ou pour recommencer à s'aimer, il faut décider de mettre l'autre au centre de ses préoccupations.

Je me souviens du passage d'un livre : *Les sept habitudes des familles épanouies* de Stephen R. Covey, où l'auteur raconte qu'un homme consulte un psy et lui dit :
– Je n'aime plus ma femme, que faire ?
– Aimez-la, répond le psy.
– Mais je ne l'aime plus !
– Justement, aimez-la.
C'est intéressant de penser que l'amour n'est pas un don de la nature, mais aussi quelque chose qui se décide…

Le fils demande :
- C'est vrai, papa, que dans certaines parties de l'Afrique un homme ne connaît pas sa femme avant de se marier ?
Le père :
- Oui, mais c'est pareil dans tous les pays..

Problème universel

C'est vrai dans tous les pays et c'est vrai aussi pour les femmes. Une femme qui se marie ne connaît pas vraiment encore son homme.
Bien sûr, quand on n'a jamais vécu ensemble, cela paraît évident. On ne se connaît pas vraiment dans la vie de tous les jours. Cependant, même quand un couple vit ensemble depuis longtemps, le mariage dévoile souvent beaucoup de choses ignorées. Cela peut révéler le meilleur comme le pire. Certaines personnes se sentent alors plus solides, plus prêtes à faire des projets (enfants, maison, carrière...). D'autres, au contraire, se sentent brusquement prisonnières et très mal dans l'engagement que représente l'institution du mariage.

Plus compliqué encore est le fait qu'on ne se rend pas forcément compte de la réaction que l'on aura ! Alors, connaître celle de l'autre paraît bien illusoire.
C'est pourquoi des couples paraissant parfaitement bien ensemble peuvent se briser juste après être passés devant

monsieur le maire. La cérémonie a changé l'équilibre qui existait entre eux.
Une autre question se pose : même quand on est marié depuis très longtemps, connaît-on vraiment son conjoint ?
A-t-on jamais fait le tour d'une personne ? Non. Elle présente toujours une part de mystère, des zones cachées. On peut totalement ignorer l'existence de cette zone invisible. Mais si vous vous intéressez vraiment à l'autre, vous découvrez tout au long de la vie que vous ignorez beaucoup de lui.

Je me souviens que, lorsque Lech Walesa était en prison, sa femme était montée au créneau pour le défendre. Il affirmait qu'il ne la savait pas capable d'agir ainsi et qu'il était retombé amoureux d'elle... Même marié depuis très longtemps, il ne la connaissait pas complètement ! ■

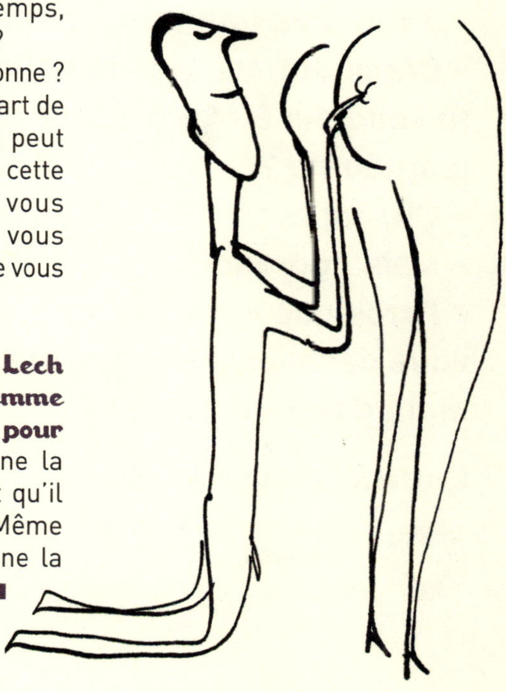

Une petite marguerite entend quelqu'un pleurer. C'est une rose qui semble très triste.

– Qu'est-ce qui ne va pas ? demande la marguerite.

– J'aimerais tant être à ta place ! répond la rose.

– Comment, toi, la plus belle des fleurs, tu voudrais être à la place d'une modeste petite marguerite ?

– Oh, oui !

– Mais pourquoi ?

– Parce que vous, les marguerites, tout le monde vous déshabille lentement en vous disant des mots d'amour…

Lenteur et mots d'amour

On peut être la plus belle des fleurs et pourtant être moins heureuse qu'une autre. Car si la beauté est promesse de bonheur, elle est loin d'en être une garantie. Que réclament les femmes

en amour ? Tout d'abord de la lenteur, du temps, ce que beaucoup d'hommes, actifs de nature, ne leur accordent pas toujours spontanément. Le temps, la lenteur sont un très beau cadeau que peut faire un homme à une femme. Déshabiller quelqu'un lentement, cela correspond à pratiquer des préliminaires tendres et émerveillés, au lieu d'aller droit au but pour satisfaire une pulsion. Et c'est ce que beaucoup de femmes réclament. **La plupart des hommes qui le savent font leur possible pour que les préliminaires durent. Mais ils sont souvent, malgré leur bonne volonté, en deçà de ce que souhaiterait leur partenaire.**
La durée idéale des préliminaires ? C'est trois à dix fois plus que ce qu'un homme peut imaginer ! Et puis, que réclament encore les femmes ? Des mots d'amour ! Un homme pensera souvent que s'il a dit une fois pour toutes des mots d'amour, c'est bon, ils sont enregistrés. Or, une femme a besoin de les entendre souvent et même très souvent. Pourquoi ? Pas forcément parce qu'elle a peur de ne pas être aimée. Mais parce que, pour elle, les mots d'amour sont aphrodisiaques.
Ils sont un stimulant très puissant de son désir sexuel. Beaucoup d'hommes ont du mal à le comprendre. Car pour eux, ce qui est plus aphrodisiaque qu'un mot d'amour, ce sera la phrase : « J'ai envie de toi. » Quand un homme réussit à comprendre ce fonctionnement féminin différent du sien, il a une clef très précieuse pour ouvrir sa partenaire au désir en même temps qu'à l'amour. Et c'est ce qui donne le plus de plaisir… sexuel ou non sexuel ! ■

Devinette :
Pourquoi
les femmes
simulent le plaisir ?

Réponse :
Parce que
les hommes
simulent
les préliminaires !

Qui simule le plus ?

On pourrait très bien retourner cette phrase à l'envers. Si les hommes simulent les préliminaires, c'est bien parce que les femmes simulent le plaisir !

En effet, on peut plaindre les femmes en pensant : les hommes ne sont pas doués, ils bâclent souvent les préliminaires, ce qui n'est pas tout à fait faux. Mais on peut tout aussi bien analyser très différemment la situation. Si les femmes simulent le plaisir, comment voulez-vous que ces pauvres hommes découvrent le mode d'emploi ?

Personne ne leur a appris comment donner du plaisir à une femme, et encore moins à cette femme-là. Car toutes les femmes sont très différentes et connaître l'une d'entre elles n'entraîne pas obligatoirement une connaissance des autres. En simulant le plaisir, l'orgasme, une femme enfonce donc un homme dans son ignorance et l'empêche de devenir un bon amant. Il vaudrait mieux qu'elle soit une vraie maîtresse, celle qui dit : « Mais non, ce n'est pas de cela que j'ai envie. Voilà ce qu'il faut que tu fasses pour que ça soit vraiment bien pour moi... » Il a besoin du mode d'emploi.

Alors, avant de critiquer l'autre sexe, il vaut peut-être mieux essayer de s'améliorer soi-même.

Pour les hommes, il s'agit de demander à leur partenaire ce qui leur procure le plus de plaisir. Car elle n'ose peut-être pas l'exprimer. Et pour une femme, guider l'homme vers ce qui est pour elle le plus agréable et excitant.

D'ailleurs, la réciproque est vraie. Une femme ne peut pas savoir de manière innée ce qui fait le plus plaisir à son partenaire. Elle aussi a besoin d'indications pour être une bonne amante. Et si les femmes sont peut-être plus à la hauteur, c'est peut-être que les hommes simulent moins souvent qu'elles. Du coup, elles comprennent plus vite ce qu'il est bon de faire ou de ne pas faire... ■

Monsieur et Madame mangent dans un restaurant chic. Elle lui chuchote à l'oreille :
— Chéri… qu'est-ce que tu dirais de faire l'amour à trois ?
L'homme hésite longtemps, puis, observant sa belle qui n'a pas l'air de plaisanter et qui est bien mignonne, il se sent tout excité.
Il se penche et lui murmure finalement.
— D'accord, si tu y tiens vraiment. C'est pour te faire plaisir.
Elle s'exclame alors :
— Youpi !! 1, 2 et… 3 !!!

Fantasmes divergents

Deux personnes qui s'aiment, qui font l'amour ensemble, c'est la rencontre de deux corps, mais aussi de deux imaginaires érotiques et sexuels. Or, cet imaginaire est une part de nous extrêmement intime, bien plus que notre corps. Nombreux sont les couples qui se voient nus sans problème (et heureusement !), mais, s'ils peuvent se montrer leur nudité physique, nombreux sont aussi les couples qui ne peuvent mettre à nu leur imaginaire sexuel devant l'autre. Et quand on le fait, on peut être très surpris, des deux côtés.
Ici, pour monsieur, faire l'amour à trois, c'est à trois personnes, et pour madame, faire l'amour à trois, c'est « à vos marques, prêts, partez… ! » Ils ne sont pas dans le même monde imaginaire.
Pourquoi a-t-on du mal à ouvrir à l'autre

ce monde-là ? C'est que l'on peut en avoir honte. Ce sentiment est très nocif.

Personne n'a à avoir honte de ses fantasmes. En effet, on ne les choisit pas. Ils prennent leur source dans notre histoire personnelle, viennent de nos premières émotions sexuelles qui ont laissé une empreinte. Ces premières émotions sexuelles peuvent être aussi bien des images vues, des choses entendues, imaginées, des moments vécus... Pour vivre une sexualité épanouie, il est essentiel de commencer par accepter ce que l'on a vécu et l'effet que cela a produit en nous.

On peut avoir du mal à ouvrir son monde fantasmatique en pensant que l'autre va être choqué. Et c'est vrai, parfois on choque. On peut percevoir les réticences de l'autre et sentir qu'il vaut mieux ne pas aller plus loin dans la nudité fantasmatique ! Mais on peut aussi se faire une idée totalement fausse de l'autre. Souvent, on n'ose pas dire, de peur de choquer, des choses qui seraient accueillies très simplement. Alors, ce qui semble essentiel, c'est d'être capable d'écouter l'autre.

Être adulte, c'est être comme un roseau plutôt que comme un chêne : si l'autre vous exprime un fantasme, une demande, l'idéal est de l'accepter. Il ne s'agit pas de faire tout ce que l'autre suggère, mais d'accepter qu'il (ou elle) l'exprime. Et l'accepter du fond du cœur, pas du bout des lèvres. Car il s'agit de comprendre que cet imaginaire est le fruit d'une histoire, d'événements et non d'un choix délibéré.

Ensuite, on peut toujours discuter et exprimer que l'on est ou que l'on n'est pas dans le même monde imaginaire sexuel... ■

Un homme se réveille avec une énorme gueule de bois. Il se force à ouvrir les yeux et la première chose qu'il voit est un tube d'aspirine et un verre d'eau sur la table de nuit. Il s'assoit sur le bord du lit et voit ses vêtements devant lui, bien propres et bien pliés. Son regard fait ensuite le tour de la chambre et il voit que tout est dans un ordre parfait, impeccablement propre. Il prend une aspirine et remarque alors un Post-it sur la table :

Chéri, le petit déjeuner t'attend à la cuisine. Je t'aime.

Perplexe, l'homme va à la cuisine et voit qu'effectivement son petit déjeuner est préparé et le journal du matin posé à côté de son bol. Son fils aussi est à table, en train de déjeuner. Le père demande :

– Dis-moi, fiston, qu'est-ce qui est arrivé hier ?

– Oh, tu es rentré à la maison complètement saoul vers trois heures du matin. Tu as renversé le meuble de l'entrée, vomi dans le couloir et offert un bel œil au beurre noir à maman...

– Mais alors, explique-moi pourquoi mes vêtements et la maison sont si propres, bien rangés, et mon petit déjeuner est prêt sur la table ?

– Eh bien, quand maman t'a traîné jusqu'à la chambre à coucher et qu'elle a essayé de défaire ton pantalon, tu lui as crié : « Laisse-moi tranquille, salope ! Je suis marié ! »

Le secret pour se faire chouchouter par sa femme

Beaucoup d'hommes se plaignent, au bout d'un certain temps de vie de couple, de ce que leur femme est moins amoureuse, moins aimante, moins désirante. Mais bien peu d'entre eux se demandent : « Que puis-je faire pour qu'elle m'aime, pour qu'elle me désire ? » La plupart des hommes se laissent aller et ne se donnent aucun mal. Les femmes semblent compliquées aux hommes. Pourtant, elles sont extrêmement simples. **Il suffit de dire à une femme qu'elle est unique, irremplaçable, aimée... et préférée à toutes les autres.**

Dans cette histoire, l'homme le montre sans même en avoir conscience et il est tout étonné du résultat. Non, une femme n'a pas forcément besoin qu'un homme fasse tout à la maison, qu'il rentre tôt pour s'occuper d'elle. Si elle sent, si elle pense qu'elle est aimée, elle sera heureuse et prête à le chouchouter.

En plus, ce que ne dit pas l'histoire, c'est qu'une femme qui se sent aimée ressent bien plus de désir sexuel, d'envie de faire l'amour et de plaisir... ■

Adeline parle à sa meilleure amie :
- Si tu savais, il est fou amoureux, il m'a dit que j'étais très jolie !
- Ma pauvre, tu es folle, tu ne vas quand même pas te marier avec un homme qui commence déjà à te mentir !

Aveugle ou menteur ?

Quand on aime quelqu'un, on le trouve beau ! Surtout un homme : s'il trouve sa femme belle, c'est qu'il l'aime... C'est pourquoi on dit souvent que l'amour rend aveugle. En tout cas, il donne à voir des choses que tout le monde ne voit pas. J'ai toujours eu le sentiment, d'ailleurs, qu'au contraire de rendre aveugle, l'amour rendait particulièrement clairvoyant. Lorsque vous aimez quelqu'un, vous le voyez avec un regard de lumière. Il (ou elle) vous paraît extraordinaire et merveilleux, parce qu'il l'est. Car nous avons tous en nous des choses extraordinairement précieuses, belles et exceptionnelles. Lorsque vous êtes amoureux, vous voyez plus loin que la surface de l'autre, vous traversez cette couche de surface que présentent tous les êtres et vous voyez plus profond, là où se trouve l'être de l'autre. Vous voyez sa part divine, infinie.

C'est pourquoi l'état amoureux est un cadeau immense de la vie. Il vous apprend à voir avec les yeux de l'amour. Par la suite, cet état se transforme. Vous redevenez comme avant, vous redevenez aveugle. Vous êtes à nouveau parasité par la surface des choses et vous vous éloignez de l'infini de l'autre. C'est pourquoi il me semble très important dans un couple de cultiver ces souvenirs amoureux. Car, à mon sens, l'état amoureux existe pour nous guider, nous entraîner à cultiver cet enchantement. Et le bonheur, dans la vie, c'est certainement de connaître quelqu'un qui sait vous regarder de cette manière. Je pense à des livres d'Exbrayat qui m'ont intéressée en ce sens, il y a longtemps. Ce sont des histoires policières d'un Italien de Vérone, Roméo, qui est marié avec sa Juliette. Elle est décrite comme une mamma italienne d'un certain âge et je savourais les passages où Roméo lui disait combien elle était belle. Exbrayat expliquait qu'il la voyait toujours avec ses yeux de 20 ans, même si elle avait pris des kilos et des années. C'est à la fois drôle, touchant et tellement vrai ! ■

Une femme confie
à une amie :
— Ce n'est plus possible !
Mon mari ne s'occupe pas
de moi. Il ne pense même
pas à faire l'amour avec
moi. C'est simple, il ne vit
que pour sa mère.
Il me compare à sa mère,
tout tourne autour de
sa mère, je n'en peux plus !
— Mais tu as essayé de faire
quelque chose pour
qu'il cesse de s'occuper
d'elle à ce point ?
— Mais je n'arrête pas !
— Tu as employé les grands
moyens ?
— Comment ça ?
— Tu devrais jouer sur
ta féminité pour lui faire
oublier le côté maternel !
— Euh, oui ? C'est-à-dire ?
— Tu vas dans un magasin
de lingerie, tu achètes
tout en noir : des bas noirs,
une minijupe noire, un haut
moulant noir, tu peux même
acheter un chapeau noir
et, surtout, des chaussures
noires à très hauts talons.
Et ce soir, tu t'habilles
comme ça, tu l'attends
en fumant une cigarette
à la Marlène Dietrich.
Tu verras, il va oublier
sa mère dans l'instant !
La femme se dit qu'au point
où elle en est, pourquoi pas.
Et elle suit les conseils

**de son amie.
Le soir, son mari rentre
et la voit dans
cet accoutrement.
Il s'écrie, affolé :
— Quoi, maman est morte ?
C'est pour ça que tu es
en deuil ?**

Compétition féminine

Une cause profonde au manque de désir masculin, voire aux problèmes d'érection des hommes, c'est la trop grande proximité avec leur propre mère.

En effet, un petit garçon, pour devenir adulte, doit être capable de s'éloigner de sa mère pour reporter sa libido et son attention sexuelle sur une autre femme. Quand il reste très proche, trop proche de sa mère, tout se passe comme si elle occupait tout le terrain, empêchant l'approche d'une autre femme. La plupart du temps, quand cela se passe ainsi, c'est la mère qui est en cause. Elle culpabilise son fils en prétextant qu'il ne s'occupe pas assez d'elle, qu'il la laisse tomber... et elle le garde sous sa coupe par toutes les manières imaginables. On pourrait juger que, de la part d'un homme, il faut savoir se détacher de sa mère quand c'est nécessaire. Mais cela s'avère parfois extrêmement difficile, surtout dans le cas d'une mère qui a élevé seule son fils.

Je connais quelques cas où une mère a vécu en tête à tête avec son fils des années et l'a empêché de réaliser sa vie d'homme autonome... et tout le monde connaît de tels cas. Disons que, lorsqu'on est une mère, il importe de savoir se réjouir de voir son fils s'éloigner, s'autonomiser, y compris sur le plan amoureux, car c'est tout simplement le signe qu'on est une bonne mère. Mais ce n'est pas toujours si facile ! La plupart du temps, une mère qui agit autrement n'a pas de vie amoureuse ou sexuelle et affirme « avoir tout sacrifié à son fils », raison pour laquelle, apparemment, il devrait faire de même ! On ne peut franchement pas appeler cela un cadeau ! On pourrait d'ailleurs dire à peu près la même chose des hommes vis-à-vis de leur fille... surtout quand elle est fille unique. Il est possible de culpabiliser sa fille en lui affirmant qu'elle délaisse son vieux père qui a tout fait pour elle. Et, justement, c'est sain qu'elle délaisse son vieux père, car on n'élève pas un enfant pour le garder près de soi, mais pour qu'il vive sa vie, construise un avenir, fonde une famille... ■

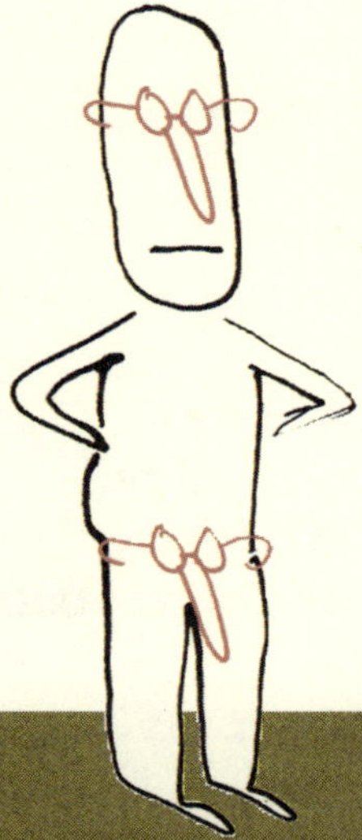

4

Comment ça marche, docteur ?

Une jeune femme, jolie et sexy, demande à son gynécologue :

– Pouvez-vous me conseiller une méthode contraceptive efficace à cent pour cent et sans aucun effet secondaire ?

– À ma connaissance, répond le médecin, il n'en existe qu'une : un jus d'orange légèrement sucré, auquel vous pouvez adjoindre, si vous le désirez, une goutte de Martini, rouge ou blanc, selon les goûts.

– Mais, s'inquiète la jeune femme, je dois prendre cela… avant de faire l'amour ou après ?

– À la place, bien sûr.

La contraception la plus sûre

« La seule contraception efficace à 100 % et sans aucun effet secondaire, c'est le mot NON. » Cette phrase résume bien, d'une autre manière, la réponse de ce médecin. Et c'est vrai : malheureusement, il n'existe à l'heure actuelle aucune contraception efficace à 100 % et totalement dénuée d'effets secondaires. Nous avons tendance à l'oublier et c'est embêtant. En France, le nombre d'avortements reste élevé malgré l'usage répandu de la contraception et une bonne connaissance de ses mécanismes. La raison en est maintenant connue : c'est qu'une femme sous contraception accepte très mal une grossesse non désirée et cela d'autant plus mal qu'elle pensait pouvoir compter sur cette contraception. Elle a donc plus souvent recours à une IVG qu'une femme qui se trouve enceinte « par accident » mais qui ne prenait pas de contraception.

La contraception a d'ailleurs un effet pervers : on a tellement expliqué aux femmes que, sans contraception, elles risquaient une grossesse que lorsqu'elles arrêtent toute contraception, elles pensent être enceintes rapidement. Or, il n'en est rien. Au bout d'un an, une femme sans contraception qui a une vie sexuelle régulière a seulement 60 % de probabilités d'être enceinte, pour 90 % au bout de deux ans. Les 10 % restants sont les couples qui ont un problème de fertilité. Malgré ces chiffres, de nombreux couples s'inquiètent dès les trois premiers mois lorsque la grossesse attendue ne se manifeste pas comme ils l'attendaient. Et les médecins sont alors sollicités pour des bilans ou des traitements qui n'ont pas lieu d'être. Ils ont alors du mal à dire non devant la pression de leurs patients très angoissés. C'est ainsi que de nombreuses femmes fertiles se trouvent traitées pour infertilité, simplement par manque de patience.

Il est difficile d'accepter qu'on ne puisse pas tout contrôler, dans un sens comme dans l'autre. Pourtant, c'est la vie ; et quand on arrive à accepter de laisser une part de mystère et de surprise, on se sent beaucoup mieux et plus détendu. ■

Devinette : Comment appelle-t-on un homme et une femme qui pratiquent la méthode Ogino ?

Réponse : Papa et maman.

Contrôle des (con)naissances

La méthode Ogino a pour but d'éviter les grossesses non désirées. Elle consiste à observer la durée de trois cycles féminins consécutifs pour en déduire le jour probable de l'ovulation. Il s'agit pour cela de calculer la durée moyenne d'un cycle. Il « suffit » ensuite d'éviter les relations sexuelles les jours précédant l'ovulation, jours présumés de fertilité.

Le problème est qu'il s'agit d'une méthode statistique. Elle fait bien diminuer le nombre de naissances, mais de manière statistique (pour un ensemble de femmes) et non de manière certaine pour une personne donnée. Si la grossesse non désirée se met en route chez vous, c'est très gênant.

Les erreurs de la méthode Ogino sont dues principalement au fait qu'une femme n'a pas forcément des cycles réguliers. Lorsque les trois cycles consécutifs sont de même durée, ils continueront peut-être à l'être..., peut-être pas. Lorsque les cycles sont de durée assez variable, avec plusieurs jours de différence, une moyenne ne donne qu'une indication très relative sur le jour probable de l'ovulation, et la méthode Ogino est très risquée.
Finalement, cette méthode est une sorte de pari : on parie que les cycles à venir seront à l'image des cycles passés. Or, comme dans tous les paris, on peut gagner... ou perdre.

C'est pourquoi certains affirment que la méthode Ogino a repeuplé la France.

Ce n'est pourtant pas vrai, car la natalité a diminué dès le XIXe siècle en France, donc bien avant l'apparition de la pilule contraceptive.
Avant les années 1960, il fallait bien que les couples adoptent des méthodes existantes, l'abstinence, le retrait, la méthode Ogino, ou le préservatif qui était nettement moins courant que de nos jours.
Il est facile aujourd hui de se moquer d'une méthode moyennement efficace quand on dispose de moyens beaucoup plus fiables. ■

Trois femmes discutent :
– Mon mari, dit la première, me fait l'amour comme une Ferrari : à une vitesse affolante.
– Moi, dit la seconde, le mien, c'est comme une Rolls, il est vraiment très confortable, dit la seconde.
– Eh bien moi, dit la troisième, mon mari c'est un vrai tacot, à chaque fois il faut que je le démarre à la main.

Un homme, c'est comme une Ferrari...

Un sexologue peut interpréter cette histoire : le premier homme fait l'amour très vite. Il est probablement très jeune. Chez un jeune homme, la tension sexuelle est souvent forte et le besoin de satisfaction intense. De plus, comme il n'a pas énormément d'expérience, il a souvent du mal à se contrôler et a tendance à éjaculer très rapidement. C'est plutôt un amant minute. Il fait l'amour très vite... Une vitesse affolante, c'est pire et certains hommes éjaculent dès l'introduction du pénis dans le vagin, voire avant. Ils sont souvent eux-mêmes catastrophés par le phénomène.
Or, au début de la vie sexuelle, ce n'est pas très inquiétant, car il faut un certain temps pour apprendre à se connaître. Notons d'ailleurs que sa femme n'a pas l'air de se plaindre, puisqu'elle le compare à une Ferrari, ce qui est loin d'être une voiture dont on aurait honte. Peut-être comprend-elle ce que les hommes affirment souvent : « Je la désire si fort que je n'arrive pas à me retenir plus longtemps. » La force du désir peut être considérée comme quelque chose de précieux. Et puis, certaines femmes ressentent plus de plaisir par les caresses préliminaires que par la pénétration et sont satisfaites même

si leurs partenaires sont plutôt rapides. Si tant est qu'ils les aient longuement caressées au préalable.
Pour le deuxième homme, il n'y a pas grand-chose à dire, ou au contraire beaucoup, la formule est si vague. Est-ce que cette femme veut dire qu'elle s'installe à califourchon sur son partenaire et que le chevauchement pratiqué à son rythme à elle est bien agréable ? Tant de femmes apprécient des rythmes que leur partenaire ne connaît pas et elles connaissent de meilleurs orgasmes dans la position où elles mènent le rythme, quand elles sont au-dessus de l'homme.
Et pour le troisième mari, qu'il faut démarrer à la main ? Il est probable que ce soit un homme nettement plus âgé. En effet, avec l'âge, l'érection s'installe plus lentement et nécessite de plus fortes stimulations pour un même résultat. Le docteur Virag décrit très bien cela dans son fameux livre *Le sexe de l'homme* : « Si j'ai moins de 20 ans et que je devine simplement une silhouette séduisante, une érection instantanée peut se produire ; un peu plus tard, entre 20 et 30 ans, il faudra au moins que je voie l'objet de mon désir, lequel ne doit pas rester obscur pour que mon pénis ne reste pas immobile ; encore plus tard, il faudra que la dame de mes pensées soit assise sur mes genoux et que je perçoive son corps, et au-delà de la soixantaine, elle devra non seulement être sur mes genoux, mais se montrer active pour provoquer ce qu'une simple œillade provoquait autrefois. »
On comprend que le démarrage « à la main » devient nécessaire plutôt après la soixantaine..., parfois plus tard, selon la personne.
Je pense à un de mes patients de 65 ans qui consultait pour des soucis d'érection et qui m'a avoué : « J'ai demandé à ma femme de me caresser pour améliorer mes érections, mais elle ne veut pas. Elle n'a jamais voulu toucher mon sexe avec ses mains et me répond : "On a toujours fait comme ça et ça marchait, donc c'est toi qui as un problème..." » En fait, cette femme méconnaît totalement l'effet des années sur le fonctionnement sexuel de son mari. Et c'est dommage que, après quelques dizaines d'années de mariage, elle ne sache pas apprécier de donner des caresses. ■

Pendant un vol transatlantique, un Américain, un Français et un Italien se mettent à discuter ensemble après quelques verres offerts par l'hôtesse de l'air. L'Américain dit :
– La nuit dernière, j'ai fait l'amour avec ma femme trois fois de suite. Ma femme m'a dit en me préparant mes œufs au bacon que ça n'avait jamais été aussi bon depuis qu'on s'était mariés, il y a dix ans.
Le Français renchérit :
– La nuit dernière, j'ai fait l'amour avec ma femme quatre fois de suite et ce matin, elle m'a préparé un délicieux petit déjeuner avec deux croissants en me disant que j'étais un amant merveilleux.
Comme l'Italien était resté silencieux, le Français lui demande :
– Et vous, combien de fois avez-vous honoré votre femme hier soir ?
L'Italien répond :
– Une fois.
Le Français, étonné et moqueur :
– Une fois ?... Et que vous a-t-elle dit ce matin ?
L'Italien :
– Elle m'a dit : « N'arrête pas, chéri ! »

Les champions du monde de l'amour

Les hommes ont souvent besoin de repères numériques. Ils aiment savoir quelles sont la taille de leur pénis et la taille moyenne d'un pénis, quel est le nombre moyen de rapports sexuels par semaine, quelle doit être la durée d'une relation sexuelle, celle des préliminaires, etc. S'ils aiment connaître des chiffres, c'est tout simplement pour pouvoir se comparer avec les autres hommes, se situer

dans une échelle de valeurs, se rassurer et aussi progresser en comparant l'avant et l'après...
Ici, c'est le nombre de rapports sexuels qu'un homme est capable d'enchaîner qui intéresse les protagonistes. Or, qu'un homme soit capable d'éjaculer plusieurs fois de suite – de faire l'amour à plusieurs reprises – n'est pas un gage de qualité. C'est bon pour son ego, mais il n'est pas sûr que ce soit ce que sa partenaire recherche en priorité.
L'Italien de l'histoire le démontre. La durée compte aussi et peut-être même plus. Car nombreuses sont les femmes qui trouvent que le rapport sexuel est bâclé par leur partenaire, qui cherche une satisfaction rapide. Faire l'amour longtemps et tendrement une seule fois peut se révéler plus agréable que le faire plusieurs fois très rapidement.
Je dis souvent à mes patients qui se plaignent de ne pas faire l'amour très souvent : « Vous savez, il est parfois bien plus érotique de faire l'amour une fois par semaine pendant longtemps

que tous les jours pendant cinq minutes. Et, au final, on a consacré plus de temps à la sexualité de couple. Finalement, quand, dans les sondages, on demande le nombre de coïts par semaine, on ne sait pas grand-chose de la sexualité d'un couple.

Et puis, dans cette histoire, on comprend à quel point le jugement qu'un homme a sur sa propre sexualité dépend de l'avis de sa femme. C'est comme si c'était elle le juge. On se demande même à quel point l'homme ne reste pas un enfant qui a besoin de la validation de sa partenaire, comme l'enfant avait besoin du regard positif de sa maman sur lui.

C'est un fait extrêmement important. Car un homme qui reçoit une critique de sa partenaire peut en être profondément affecté à vie.

J'en connais plusieurs exemples. Un homme dont la première partenaire a remarqué « mais, tu ne bandes pas ? » simplement parce qu'il était ému la première fois. Depuis, et cela fait des années, il a l'angoisse de ne pas avoir d'érection. Alors qu'il sait très bien que c'était dû à son émotion. Il a gardé ce regard négatif sur lui depuis et il ressent une peur de ne pas être à la hauteur de la femme dont il partage l'intimité.

Au contraire, les paroles positives, les compliments sont vraiment importants pour un homme. Cela lui fait un bien fou de savoir qu'il est apprécié dans ce qu'il y a de plus intime. Cela le détend, le rend heureux. C'est pour cette raison qu'une femme qui comprend cela peut rendre son homme bien plus heureux... Surtout, si elle pense beaucoup de bien de lui, il faut qu'elle ose le lui dire. C'est un beau cadeau. ■

Un brave homme passe ses vacances en Corse. Il est dans sa voiture quand brusquement, au détour d'un chemin, un énergumène armé lui barre le passage et le menace de son arme.

- Descends de voiture, ordonne-t-il.
- Je vous en supplie, je n'ai pas d'argent.
- Qui te parle d'argent ? Masturbe-toi.
- Pardon ?

Le corse brandit son arme et répète :

- Masturbe-toi.

Stupéfait, l'homme s'exécute. Quelques minutes plus tard, il arrive à ses fins.

- Recommence, dit le Corse.
- Mais, c'est impossible...
- Recommence ou je tire.

Comme il n'a pas envie de se faire tuer, il recommence, mais c'est plus difficile d'y arriver. Enfin, ça y est !

- Recommence encore une fois, demande à nouveau le corse.
- Mais...
- Recommence ou je te tue.

Cette fois, il lui faut presque une heure pour y arriver... Quand, épuisé, il finit sa besogne, le Corse sourit. Il abaisse son arme et se retourne :

- Ho ! petite sœur, tu peux venir. Le monsieur accepte de t'amener à Ajaccio !

Une érection peut en cacher une autre

Autrefois, une jeune fille ne devait sortir qu'accompagnée d'un chaperon pour ne pas y perdre sa réputation. C'est ce que nous rapporte cette histoire en allant plus loin : un homme seul avec une femme ne peut penser qu'à la violer !
Comment certaines personnes peuvent-elles encore raisonner ainsi ? Généralement, on considère que c'est parce que leurs pensées sont très tournées vers la sexualité et qu'elles fantasment sur ce qui se pratique. Ce Corse imagine qu'un homme seul avec sa sœur aura l'obsession de la séduire. Pourtant, cet homme qui semble rouler calmement dans sa voiture est un « brave homme », nous explique l'histoire au début...

Mais ce Corse est au courant du fonctionnement masculin.
Quand un homme vient d'éjaculer, il ne peut pas avoir une nouvelle érection immédiatement, sauf s'il est vraiment très jeune. Son corps a besoin d'un temps de repos que l'on appelle la « période réfractaire », pendant laquelle aucune stimulation ne peut provoquer d'érection.
Dans ce laps de temps, les contacts sur le pénis sont neutres, désagréables, voire douloureux pour certains hommes. Il faut un moment de repos avant de recommencer, c'est physiologique.
La deuxième érection sera plus difficile à venir et la troisième encore plus... De même, l'excitation aura du mal à monter à un niveau suffisant pour entraîner une éjaculation. La stimulation doit durer nettement plus longtemps pour aller jusqu'au bout.
Ces connaissances sont utilisées par les hommes qui éjaculent trop rapidement. Ils recommencent deux ou trois fois, ayant remarqué

que, plus le nombre de rapports sexuels augmentait, plus ils mettaient de temps avant d'éjaculer. Certains se masturbent discrètement, un peu avant de rejoindre leur partenaire. C'est une sorte de palliatif à l'éjaculation précoce.
Mais cela ne peut durer toute la vie. La période réfractaire augmente avec l'âge et il arrive un moment où la deuxième érection ne vient pas, ou alors il faudrait l'attendre très longtemps... C'est pourquoi, à l'âge où l'on éjacule trop vite, il vaut mieux apprendre à faire durer le plaisir et non se contenter de remettre le couvert plusieurs fois.
Sur cette pratique de la masturbation discrète avant de rejoindre sa partenaire, je pense aussi à un cas amusant qu'un collègue m'a raconté : après quelques mois de mariage, une femme se plaignait amèrement de ce que son mari avait une érection immédiate dès qu'il se mettait au lit près d'elle. « J'ai l'impression, expliquait-elle, que je ne lui fais pas d'effet : n'importe quelle femme serait dans le lit à côté de lui et il aurait une érection. » Le mari consulte un sexologue pour ce problème. Et voici le conseil prescrit : « Masturbez-vous plusieurs fois dans la journée jusqu'à éjaculer et cela sans le dire à votre femme... Comme ça, le soir, quand vous irez vous coucher près d'elle, vous n'aurez pas d'érection. L'homme suit ce conseil... et le soir, il se couche et il n'a pas d'érection. Sa femme, ravie, lui fait des câlins et un strip-tease, pour enfin finir par obtenir une érection qu'elle était sûre d'avoir provoquée.
Pendant ce temps, le mari pensait, inquiet : « Je ne vais jamais réussir à bander ! » Cela a suffi à rassurer cette femme sur son pouvoir érotique. Comme quoi, si la jeune fille corse veut vraiment arriver à ses fins, cela pourrait fonctionner quand même ! ■

Deux garçons de 18 et 21 ans discutent. Le plus jeune dit à son copain :
– Quand je fais l'amour, je vais trop vite, je tiens à peine une minute.
– Je vais te donner un truc que je tiens d'un Chinois, répond l'autre. Quand tu commences à faire l'amour, tu entres, tu fais une pause, puis, tu remues, tu remues, tu remues, puis tu refais une pause. Tu arrêtes. Puis tu recommences, tu remues, tu remues, tu remues, tu arrêtes et tu te retires et tu recommences. Tu remues, tu remues, tu remues, etc.
– Ah ! ce n'est pas bête, je vais essayer la prochaine fois.
La fois suivante, avec son amie, il applique scrupuleusement les conseils. Elle finit par lui dire :
– Mais qu'est-ce que tu as aujourd'hui ? Tu bouges comme un Chinois !

Le Tao de l'amour

Au début de la vie sexuelle, la plupart des hommes éjaculent trop rapidement. C'est que leur excitation monte très vite. Un de mes collègues m'a raconté cette histoire en m'expliquant : « Tu ne peux pas imaginer à quel point elle m'a aidé quand j'avais 18 ans. Tout à coup, j'ai compris pas mal de choses. » Et c'est normal, car plusieurs trucs essentiels y sont. Quand un homme pénètre sa partenaire, il est généralement assez excité. C'est bien, mais s'il l'est trop, il se trouve déjà, sans forcément en avoir conscience, proche du niveau d'excitation qui déclenche une éjaculation. C'est pour cela que l'idée de faire une pause tout de suite est excellente, avant même de commencer à bouger. Cela permet au pénis de s'acclimater au vagin, d'être moins excité par sa chaleur, sa douceur, son humidité. Une stimulation forte va diminuer toute seule, si l'on attend un peu. Plus la pause est longue, plus on a de chances de durer longtemps par la suite...

Puis, après quelques mouvements de va-et-vient, faire **une autre pause ou plusieurs permet à chaque fois de laisser descendre l'excitation** et de s'éloigner du niveau où l'éjaculation ne peut plus attendre.

Si cette histoire est attribuée à un Chinois, ce n'est certainement pas par hasard. Car les Chinois sont réputés avoir inventé le Tao. Dans ce Tao chinois, un homme doit apprendre à retarder le plus possible son éjaculation, idéalement même à ne jamais éjaculer quand il fait l'amour. L'idée étant que si un homme n'éjacule jamais, il devient immortel, car il perd, à chaque fois qu'il éjacule, un peu d'énergie. Mieux que cela, si sa partenaire a un orgasme, elle lui donne de l'énergie et prolonge sa vie à lui.

L'idéal pour un homme est donc, toujours d'après le Tao, de donner beaucoup de plaisir à une femme et de ne jamais éjaculer. C'est à se demander si ce ne sont pas les femmes qui l'on inventé pour leur propre compte, surtout à une époque où la contraception n'existait pas. ■

Une femme reçoit son amant chez elle, alors que son mari est au travail. Un jour, son mari rentre plus tôt, elle entend sa voiture dans le garage. Elle hurle à son amant :

– Dépêche-toi ! Attrape tes vêtements et passe par la fenêtre TOUT DE SUITE !

Le petit ami regarde la fenêtre et dit :

– Je ne peux pas sortir par la fenêtre comme ça ! Il pleut des cordes dehors...

Elle lui répond :

– Si mon mari rentre dans la chambre et qu'il te voit, il nous tuera tous les deux !

Alors, le jeune homme prend ses vêtements et passe par la fenêtre.

Arrivé sur la terre ferme, il se retrouve au beau milieu du marathon municipal annuel. Alors il se met à courir aux côtés des participants, malgré le fait qu'il soit complètement nu avec ses vêtements à la main. Son voisin de course le regarde alors de bas en haut et lui dit :

– Vous courez toujours le marathon tout nu ?

– Oui, oui, de cette manière, je ressens vraiment une impression de totale liberté.

– Et vous emportez toujours vos vêtements pendant la course ?

– Oui, bien sûr, comme ça je m'habille tout de suite à la fin de la course et je rentre directement chez moi en voiture.

– Et vous portez toujours un préservatif en courant ?

– Oh, non ! Seulement quand il pleut.

La protection de l'adultère

Cette femme trompe son mari et l'histoire ne dit pas si l'amant trompe aussi son épouse. On peut juger tout cela malhonnête ou répréhensible. Mais ils ont au moins une qualité : celle de respecter la santé du partenaire de l'autre.

En effet, une relation extraconjugale avec préservatif permet de se protéger d'une infection sexuellement transmissible et aussi de protéger le partenaire régulier. C'est très important.

Je connais plusieurs cas terribles où cette protection n'a pas été assurée.

Sarah, une jeune fille de 21 ans, va faire un test de dépistage avec son ami. Ils veulent pouvoir se passer de préservatif pour faire l'amour. Quelques jours plus tard, le résultat tombe : Sarah est séropositive. Elle est effarée par cette nouvelle car, à sa connaissance, elle n'a jamais eu de conduite à risque.
Elle réalise alors que c'est son ex-petit ami qui a dû lui transmettre le virus du sida. Pourtant, ils ont utilisé des préservatifs jusqu'au moment de faire un test. Ils étaient séronégatifs tous les deux. Alors, que s'est-il passé ? Il avoue l'avoir trompée une fois sans préservatif... C'est ainsi que, depuis, Sarah est séropositive.
Un couple où l'une des personnes a une ou plusieurs relations extraconjugale(s) doit absolument utiliser des préservatifs. Car 50 % des séropositifs ignorent être porteurs du virus du sida. L'ex-petit ami de Sarah ne connaissait pas sa séropositivité et il avait depuis une autre amie...
Le cas de Sarah montre bien que l'on peut être très prudent, très sérieux et cependant se faire contaminer par quelqu'un qui ne l'est pas.

Une autre jeune femme, Émilie, a transmis à son mari un herpès génital très douloureux parce qu'elle l'avait trompé sans préservatif. Même s'ils sont toujours ensemble, cette maladie est un calvaire ; surtout, explique-t-elle, « chacune de ses crises lui fait repenser au fait que j'ai été infidèle. Et à chaque fois, c'est comme une piqûre de rappel d'un événement douloureux pour lui. Cela ne facilite pas notre relation de couple ! » ■

Un jeune homme se présente pour une place de vendeur dans un grand magasin où l'on vend de tout, vraiment de tout.
Le responsable lui demande s'il a de l'expérience. Alors, le jeune postulant :
- Dans la vente, si j'ai de l'expérience ? Mais je suis le roi de la vente !
Mon cousin avait une boutique, j'ai tout vendu, maintenant il est parti au soleil tellement je l'ai rendu riche, il n'y a pas meilleur vendeur que moi.
Le responsable, amusé par ce baratin, décide d'embaucher le jeune homme à l'essai pour la journée.
Le soir, il revient pour faire le bilan des ventes effectuées :
- Alors, combien de ventes as-tu faites aujourd'hui ?
- Une seule, j'ai vu un client.
- Ce n'est pas très brillant, ça, et une vente pour quel montant ?
- Juste 150 000 euros.
- Quoi ? 150 000 euros ? Mais... comment ça ?
Et le vendeur raconte :
- Un type se présente et je lui vends un hameçon. Puis je lui propose la petite canne à pêche au lancer et une série de mouches. Et comme je lui explique qu'il ne peut pas pêcher sans être bien équipé, je lui vends aussi la grande canne avec la ligne, les bouchons et un moulinet. « Vous n'en avez jamais vu un comme ça, que je lui dis, vous pouvez remonter Moby Dick avec ça ! » Après, pour ne pas qu'il ait honte devant les autres pêcheurs, je lui vends l'équipement : les bottes, le ciré et le bob. Parce que, avec sa canne toute neuve, s'il n'a pas l'équipement, il va passer pour un plouc, et mes clients, je n'aime pas qu'ils aient l'air de ploucs.
Puis je lui demande où il compte aller pêcher. Il me dit sur la Côte. Alors, je lui conseille

d'acheter un bateau pour pêcher au large, et je lui vends un hors-bord de douze mètres avec deux moteurs. Et je lui demande comment il va emmener son bateau sur la Côte. Il ne sait pas, alors je lui vends une Mercedes nouvelle série et une remorque pour tracter. Et puis on fait les comptes. Cela fait 151 200 euros. Je fais un prix, à 150 000 euros, il signe. Le chef est ahuri, assis par terre, il n'en croit pas ses oreilles.

- Tu as vendu une Mercedes à quelqu'un qui venait pour acheter un hameçon ?

- Heu... pas vraiment. Il venait acheter une boîte de tampons pour sa femme, alors je lui ai dit : « Puisque le week-end est foutu, pourquoi n'iriez-vous pas à la pêche ? »

Vendeur trois étoiles

Pendant les règles, il est dommage de croire que l'on ne peut rien faire en couple. Autrefois, on pensait qu'une femme en période de règles ne pouvait faire l'amour, mais aujourd'hui, on sait que les rapports sexuels sont possibles. Ils sont parfois même très réussis à ce moment du cycle. Un certain nombre de femmes affirment ressentir plus de désir sexuel en période de règles. C'est en partie dû aux hormones. C'est pourquoi cette idée qu'un « week-end est foutu » à cause des règles, partagée par le vendeur et l'acheteur, est un peu dépassée. Pourtant, pour beaucoup d'hommes, les règles sont une planète inconnue et un peu effrayante.

Cela dit, le mari de l'histoire va acheter des tampons pour sa femme, ce qui est un signe de modernité. Il n'a pas honte d'aller faire des achats intimes. Les tampons sont pourtant un mystère pour pas mal d'hommes encore aujourd'hui. ■

Un soir, alors qu'un couple se couche, le mari commence à caresser le bras de sa femme. Elle se retourne et lui dit :
- Je suis désolée, chéri, j'ai un rendez-vous chez le gynécologue demain et je veux rester fraîche ».
Le mari déçu se retourne. Quelques minutes plus tard, il se tourne de nouveau vers sa femme :
- Est-ce que tu as aussi un rendez-vous chez le dentiste demain ?

Fraîcheur programmée

Quand on fait l'amour, le sperme qui entre dans le vagin ressort ensuite en grande partie. Lorsque la relation sexuelle a lieu le soir, il coule le lendemain au cours de la journée et la femme a des « pertes blanches » qui correspondent à du sperme. C'est un phénomène qui se produit chez tout le monde, mais qui étonne de plus en plus de jeunes femmes. Pourquoi ? C'est que l'utilisation systématique de préservatifs empêche d'observer cela, le sperme étant alors recueilli dans le réservoir du préservatif. Le jour où le couple, après avoir fait un test de dépistage du sida qui s'avère négatif, décide de se passer de préservatif, la jeune femme est étonnée d'observer ce sperme couler.

D'ailleurs, très souvent, lorsque le couple désire un enfant, elle se demande si cela ne va pas l'empêcher de concevoir. Si le sperme ressort, comment faire un bébé ? En fait, il suffit de très peu de sperme pour être enceinte. Et, quelques secondes après l'éjaculation, de nombreux spermatozoïdes entrent déjà dans l'utérus. Comme on en compte des millions par centimètre cube, il y en a toujours suffisamment. Notons enfin que le sperme n'est pas sale. Avoir du sperme dans le vagin ne signifie pas que l'on ne soit pas « fraîche » ! Le sperme est un liquide qui ne contient normalement aucun microbe (sauf en cas d'infection sexuellement transmissible, évidemment) et il est même très précieux.

Aucun gynécologue ne peut être choqué d'observer un peu de sperme dans un vagin. Sinon, il vaut mieux qu'il change de métier. De plus, il n'y a aucune honte à faire l'amour et à le dire à son gynécologue.

En ce qui concerne la fellation, c'est un peu différent. Si du sperme s'est trouvé dans la bouche la veille au soir, le dentiste n'y verra que du feu, car personne ne garderait cette substance toute une nuit dans la bouche. La déglutition se fait toute seule et, de toute manière, tout le monde se lave les dents avant d'aller consulter son dentiste. Alors, avoir un rendez-vous chez le dentiste le lendemain n'est pas une raison pour refuser une fellation !

Et puis, une femme ne devrait pas avoir besoin d'une raison extérieure pour justifier son refus. Il lui suffit de dire ce dont elle a envie, ou pas. Mais, ceci dit, lorsqu'une femme ne souhaite pas faire l'amour par pénétration vaginale (elle a une mycose ou des douleurs, ou ses règles la gênent...), la fellation peut être agréable pour les deux partenaires et donner du plaisir, tout comme les caresses manuelles des zones sexuelles... C'est une manière de compenser qui peut être très bien adaptée. ■

– Bonjour, docteur. J'ai un problème, je trouve que mon vagin est trop profond.
– Allongez-vous, je vais regarder ça...
La dame s'allonge. Le gynécologue l'examine et dit :
– Ah oui, c'est vrai qu'il est profond... Ah oui, c'est vrai qu'il est profond... Ah oui, c'est vrai qu'il est profond... Ah oui, c'est vrai qu'il est profond... Ah oui, c'est vrai qu'il est profond... Ah oui, c'est vrai qu'il est profond...
– Mais c'est bon, docteur, rétorque la dame, j'ai compris, pas la peine de me le répéter cinquante fois !
– Mais madame, ce n'est pas moi, c'est l'écho.

Ce n'est pas la taille qui compte.

Voici un paramètre dont on parle habituellement très peu : la profondeur du vagin. Autant il existe des milliers de questions, d'écrits, de croyances sur la longueur du pénis, autant la profondeur du vagin n'intéresse pas grand monde ! Pourtant, on pourrait penser que les deux mesures vont de pair et ont intérêt à correspondre l'une avec l'autre pour que la sexualité fonctionne bien. Et c'est le cas : la nature est bien faite.
La profondeur moyenne du vagin est de huit centimètres à l'état de repos et d'environ douze centimètres en état d'érection. Érection vaginale ? C'est

peut-être un terme inapproprié, mais il correspond pourtant à une réalité. Sous l'effet de l'excitation sexuelle, les parois du vagin, particulièrement la paroi antérieure, constituées de corps érectiles, se gonflent, se déplissent, s'étirent, allongeant beaucoup la profondeur vaginale.
Cela dit, même en état d'excitation, le vagin n'est pas extrêmement profond : douze centimètres, ce n'est guère impressionnant. C'est pourquoi, quand on est un homme, rêver d'un pénis de trente centimètres n'a pas beaucoup d'intérêt, sinon pour le plaisir des yeux. Un tel organe ne pourrait jamais entrer en entier dans le vagin.
Là encore, la nature est bien faite : les hommes dotés d'un grand pénis ne sont pas particulièrement gênés, puisque la zone la plus sensible, le gland, entre en premier dans le vagin. Une partie peut rester à l'extérieur et cela n'atténue pas le plaisir. ■

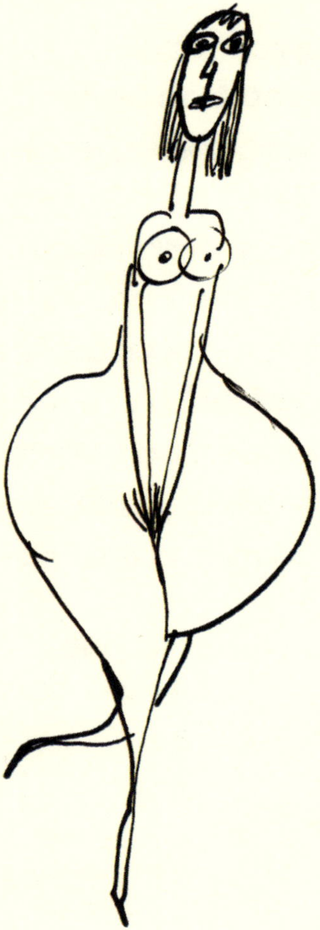

Un paysan a un problème avec son taureau. Il ne veut plus copuler avec les vaches du troupeau. Alors, le paysan emmène la bête chez le vétérinaire qui lui donne un flacon de gélules miracle.
Dès le lendemain, plus rien ne peut arrêter le taureau. Il s'occupe des vaches les unes après les autres, plus vigoureux que jamais.
Quelques jours plus tard, ce paysan raconte son aventure à l'un de ses amis qui, curieux, lui demande :
– Mais c'est quoi, ce médicament miracle ?
– Je n'ai pas retenu le nom, mais ça a un goût de fraise.

On a tous envie d'essayer

Quand on propose un médicament sexuel miracle, il se trouve toujours un public prêt à l'essayer, même si ce public n'y croit guère. Il existe ainsi des crèmes pour allonger le pénis, des pilules pour augmenter la quantité du sperme, des substances censées augmenter le plaisir sexuel, des méthodes barbares et grotesques à base de poids à attacher au sexe pour l'allonger... Et tout cela se vend plutôt bien.

Les hommes sont prêts à prendre des risques parfois inouïs pour améliorer leurs performances... sexuelles ou non. Nous avons tous entendu parler de ces sportifs qui, pour se doper, utilisent des substances vétérinaires, au mépris de leur santé. Il y a déjà eu des morts suite à de telles pratiques et cela continuera probablement à se produire. C'est d'ailleurs une des raisons pour lesquelles il est heureux que le Viagra, le Levitra et le Cialis aient été découverts. Il s'agit de médicaments avec des effets réels, prouvés, testés et... appréciés. Et leurs effets indésirables ou contre-indications sont parfaitement connus, ce qui rend leur utilisation très sûre. Cela a certainement fait diminuer le marché des substances « érectogènes » dangereuses, comme par exemple la cantharide, aussi appelée « mouche espagnole », ou d'autres potions magiques souvent toxiques.

Cela dit, des personnes sans scrupules continuent à vendre, dans l'illégalité totale, des soi-disant copies du Viagra (ou Cialis ou Levitra, de la même famille), qui contiennent on ne sait quoi... de dangereux, ou d'efficace mais sous-dosé, de non contrôlé et donc source de dangers. ■

– Bonjour docteur, dit une femme à un chirurgien esthétique, je voudrais avoir de très gros seins.

– Pas de problème. L'opération de chirurgie pour implanter des prothèses coûte 7 000 euros.

– Ouille ! 7 000 euros... c'est cher. Vous ne pourriez pas le faire pour moins cher ?

– Si vous voulez un résultat pour moins cher, vous vous frottez les seins trois fois par jour avec du papier toilette.

– Ah bon ! Vous croyez que ça marche ?

– Pourquoi pas ? Il me semble que ça a bien fonctionné pour vos fesses...

Comment obtenir des seins plus gros à faible prix ?

Les zones sexuelles ou érogènes sont de très grandes pourvoyeuses de complexes physiques. Les seins, organe d'attraction érotique, sont une zone corporelle sur laquelle de nombreuses femmes font une fixation. Peut-être parce que certains hommes font cette même fixation. Malheureusement, nous sommes souvent complexés par un défaut imaginaire et non un défaut réel. Ainsi, un chirurgien esthétique me disait : « Lorsqu'une femme entre dans mon cabinet, je n'ai pas intérêt à essayer de deviner ce qui l'amène. Si jamais je lui trouve un vilain nez, il ne faut surtout pas lui dire : "Je vois que vous venez pour votre nez." Elle risquerait d'être choquée, car il y a neuf chances sur dix qu'elle vienne pour autrechose. On ne se voit pas soi-même comme les autres nous voient. »

Ici, cette femme vient pour augmenter le volume de ses seins et, visiblement, le chirurgien estime que ce sont peut-être ses fesses qui sont très imposantes, peut-être plus que ses seins ne sont menus. Cette histoire montre aussi que, par de fausses déductions, on peut conclure n'importe quoi.

Un exemple ? Une femme me disait : « Je sais pourquoi les hommes ont moins de rides que les femmes : ils se rasent tous les jours, cela leur fait un massage du visage qui lisse leur peau. » Or, si cette idée paraît logique, elle est fausse. Car la raison réelle de cette différence est que la peau masculine est plus épaisse et n'est pas soumise au même climat hormonal que la peau féminine.

Le problème, c'est que lorsqu'on a envie que ça marche, on a tendance à y croire. C'est ce qu'exploitent un grand nombre de publicités en inventant de nouveaux concepts. Peut-être (à condition d'être malhonnête) y a-t-il une fortune à faire en vendant du papier à faire grossir les seins. Même si une femme n'y croit pas trop, elle peut penser « je peux toujours essayer ». C'est ce qui se produit pour tous les régimes miracles, qui se vendent souvent très bien… pour un résultat le plus souvent nul. ■

Connaissez-vous la différence entre la peur et la panique chez un homme ?
La peur : la première fois où il s'aperçoit qu'il ne peut pas une deuxième fois.
La panique : la deuxième fois où il s'aperçoit qu'il ne peut pas une première fois...

La panne

Un homme jeune peut généralement faire l'amour plusieurs fois de suite sans reprendre son souffle. Car, après l'orgasme, sa période réfractaire est très brève. C'est quoi, cette période réfractaire ? Un temps pendant lequel son corps n'est plus réceptif à l'excitation. Toute stimulation est alors inefficace voire désagréable et n'entraîne pas d'érection. Avec le temps, avec les années, cette période réfractaire s'allonge naturellement et inexorablement. C'est physiologique. Ainsi, un homme de 30 ans peut avoir une période réfractaire de vingt-cinq minutes quand, à 20 ans, il pouvait refaire l'amour au bout de trois minutes. S'il n'est pas au courant de ce phénomène, la première fois où il réalise qu'il ne peut pas « remettre le couvert », il peut se sentir mal et commencer à penser que ça y est, sa vie sexuelle est sur la pente descendante, ou qu'il a un réel problème. C'est la première peur. Or l'inquiétude n'aide pas à retrouver son érection, puisque, au lieu de percevoir des émotions positives de désir

ou d'excitation, la peur peut prendre toute la place. Et la peur est source d'adrénaline, une hormone anti-érection.
Un homme mieux informé, lui, sait que cette période réfractaire augmente avec les années, mais il sait aussi que le contrôle de l'éjaculation s'améliore avec le temps. Ce qu'il perd d'un côté, il le gagne de l'autre. Il lui suffit de s'adapter.
Si jamais il appréhende énormément, la peur peut se révéler si forte qu'elle le submerge et occupe une telle place qu'elle empêchera toute émotion positive.
Ainsi, avant de faire l'amour, quand un homme éprouve une peur terrible de ne pas avoir d'érection, le désir ne pourra pas faire son œuvre. C'est la panique qui bloque toute excitation. D'ailleurs, je pense souvent que si le mot panique a une consonance sexuelle, ce n'est peut-être pas par hasard. « Paniquer », ou ne « pas niquer » en langage populaire, c'est assez clair.
La panique peut tout bloquer. J'ai un jour reçu un homme de 50 ans qui m'a expliqué ne pas avoir eu d'érection depuis six mois. Il avait eu une panne une seule fois, six mois auparavant. Et cette panne l'avait complètement traumatisé. Depuis six mois, il ne pensait plus qu'à cela. Il se disait « ma vie sexuelle est foutue ». Et il se levait le matin en y pensant (ce qui bloquait son érection matinale), travaillait toute la journée en ruminant ce sujet, évitait les rapports sexuels et s'endormait angoissé en s'inquiétant encore pour son érection... Il n'avait pourtant aucun problème physique. Le seul souci était que, à 50 ans, il s'agissait de la première panne de sa vie et qu'il n'avait jamais pensé que cela puisse lui arriver un jour. Il vaut mieux pour un homme avoir une panne de temps à autre et savoir que ça arrive à tout le monde, et que l'on s'y fait très bien, plutôt que de ne jamais en avoir eu et de paniquer complètement le jour où cela arrive... ■

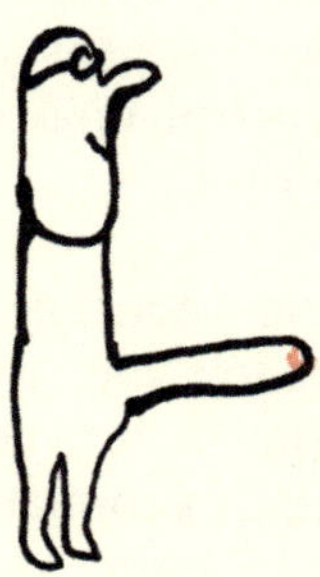

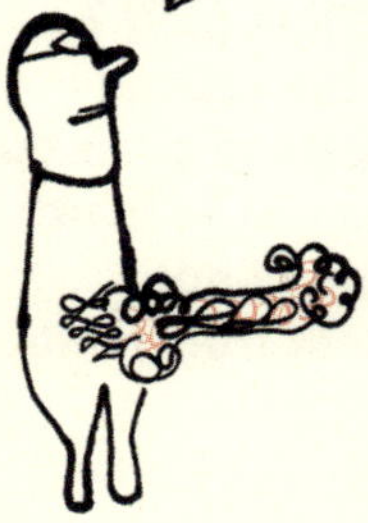

Un homme est très gêné par son sexe beaucoup trop grand. Il va voir un médecin pour demander ce qu'il est possible de faire pour le diminuer.
Le médecin l'examine et lui dit :
– Votre pénis fait cinquante centimètres de long. C'est beaucoup, c'est vrai, mais la science ne peut rien pour vous.
L'homme est vraiment déçu et même désespéré :
– Jamais je ne trouverais de femme qui m'accepte comme ça. Je vais finir ma vie seul comme un animal sauvage.
Le médecin touché par son désespoir ajoute :
– Il y aurait bien une solution...
– Laquelle ?
– Je ne sais pas si je peux vous la dire, ce n'est vraiment pas médical.
Si vous croyez à la magie...
– Je suis prêt à tout essayer !
– Alors, voilà... Rendez-vous, par une nuit de pleine lune, dans le petit bois derrière chez vous. Marchez jusqu'à une fontaine où vous découvrirez une grenouille. Et là, vous la demandez en mariage.
– C'est tout ?
– Oui, c'est tout, essayez et vous verrez.

L'homme se dit qu'il n'a rien à perdre. Il attend la pleine lune et suit les conseils du médecin. Tout se passe comme prévu. Il trouve une petite grenouille et demande :
– S'il te plaît, petite grenouille, veux-tu m'épouser ?
– Non, répond la grenouille.
Et à ce moment-là, il ressent une sensation bizarre, une sorte de petit frisson. Il fait demi-tour, rentre chez lui et s'aperçoit que son sexe a diminué de dix centimètres. Il ne fait plus que quarante centimètres.
Lui qui n'y croyait pas, il est ravi ; enchanté. Puis, au fil des jours, il se dit que, finalement, quarante centimètres, c'est mieux que cinquante, mais c'est encore très grand pour un pénis normal. Et il décide de retourner, à la prochaine pleine lune, voir cette petite grenouille. Et c'est ce qu'il fait. Tout se passe comme la première fois. Il trouve la fontaine, la grenouille, demande « petite grenouille, s'il te plaît, veux-tu m'épouser ? » et elle lui répond « non ». Là, il ressent quelque chose de bizarre, ce même petit frisson, et, rentré chez lui, constate que son sexe a rétréci, qu'il a perdu dix centimètres. Il est content comme tout. Le temps passe et, en une quinzaine de jours, il se dit que, quand même, trente centimètres, c'est presque normal, mais quand même un peu trop imposant encore.

Et il décide de retourner une dernière fois voir la grenouille. Il attend la pleine lune suivante et il s'y rend, très confiant. Il arrive à la fontaine, aperçoit la grenouille et lui demande :
– Petite grenouille, veux-tu m'épouser s'il te plaît ?
Et la grenouille répond :
– Cela fait déjà trois fois que tu me le demandes ! Tu es bouché ou quoi ? C'est non, non et non...
Et là, il ressent trois petits frissons bizarres...

Entre bœuf et taureau

Un pénis trop grand est un rêve pour beaucoup d'hommes. Pourtant, cela ne sert pas à grand-chose et c'est même parfois très gênant. Un de mes patients me dit que la taille de son sexe l'a toujours complexé, dès son plus jeune âge. Ses copains d'école lui disaient : « Il faudrait t'en couper un morceau ! »

De plus, contrairement à ce que l'on imagine, un pénis plus grand n'est pas plus efficace pour l'amour. Lors de l'érection, il y a toujours à peu de chose près la même quantité de sang qui est « transfusée » du corps vers le pénis. Quelle est en la conséquence ? C'est qu'un pénis très grand reçoit la même quantité de sang qu'un pénis plus petit. Il a une moindre pression du sang. C'est pourquoi un homme dont le pénis est imposant en érection a un pénis beaucoup moins ferme, voire relativement mou. Un de mes collègues a reçu dernièrement en consultation un jeune homme au pénis presque aussi grand que celui de l'homme de l'histoire. Ce jeune homme venait pour des troubles de l'érection.
Or, il n'avait aucun problème, sinon que son pénis était très grand et que tout avait beau marcher parfaitement, son corps n'apportait pas assez de sang au moment de l'érection. Son pénis restait très mou, même s'il gonflait correctement.

Finalement, un pénis plus petit sera plus dur pendant l'érection, et un pénis plus grand sera moins ferme. Or le vagin est sensible à la pression appuyée, et il n'est pas sûr qu'un grand pénis soit plus efficace qu'un plus petit pour donner du plaisir à une femme. Et répétons-le : le pénis est moins important que la façon dont on s'en sert ; et les chemins du plaisir sont multiples et font des zigzags qui passent aussi par les caresses avec les mains, la bouche, et pratiquées partout... ■

Devinette : Quelle est la différence entre une femme enceinte et une tarte brûlée ?

Réponse : Aucune, dans les deux cas, on ne l'a pas retirée assez vite.

La plus tarte des deux

La méthode contraceptive évoquée ici, celle du retrait où l'homme se retire avant d'avoir éjaculé, est une méthode qui a beaucoup fait parler d'elle. Pour affirmer qu'elle est inefficace, risquée. C'est en partie vraie, mais en partie seulement. C'est Martin Winkler qui m'en a fait prendre conscience dans son excellent livre sur la contraception. Aucune méthode contraceptive n'est efficace à 100 %. Et le retrait n'est pas non plus « inefficace à 100 % ». Il mérite d'être mieux connu. Pourquoi ? Parce que cette pratique est « mieux que rien ». Cela peut faire bondir, mais quand, pour une raison X, Y ou Z (surtout X d'ailleurs), on fait l'amour sans aucune précaution, c'est déjà un net mieux que l'homme tente de se retirer avant d'éjaculer que de se dire « prions pour ne pas déclencher une grossesse ». On peut critiquer ceux qui l'ont pratiqué, mais « que ceux qui n'ont jamais péché jettent la première pierre ». Chacun doit reconnaître, en toute honnêteté, que l'amour et la raison sont parfois difficiles à concilier, et que ce n'est pas seulement l'ignorance ou l'inconscience qui font prendre des risques.

Comme les gens bien-pensants bannissent totalement cette méthode, on ne l'explique jamais. C'est peut-être une erreur, car, s'il ne faut bien évidemment pas choisir le retrait comme méthode de référence, le jour où on le pratique en dernier recours, il est bon d'être un peu informé.
Le plus difficile pour un homme est évidemment de prévoir quand il va éjaculer. Nombreux sont les hommes qui ne savent pas reconnaître la sensation d'imminence de l'éjaculation. Ils réalisent que ce point d'excitation est dépassé quand ils sont déjà en train d'éjaculer, trop tard pour se retirer. Alors, quand un homme qui voulait se retirer éjacule, il est bien évident que le risque de grossesse est maximal.
Mais, même quand un homme contrôle très bien son éjaculation, un risque de grossesse existe. En effet, avant que le sperme soit expulsé, lorsque l'excitation monte, un liquide prééjaculatoire sort du pénis. Si ce liquide ne contient pas naturellement de spermatozoïdes, il peut en entraîner avec lui et permettre ainsi une fécondation, même sans éjaculation. Pour minimiser ce risque, il suffit d'uriner avant le rapport sexuel. L'urine va, en passant, entraîner à l'extérieur les éventuels spermatozoïdes présents dans l'urètre. Et c'est encore plus important d'aller uriner entre deux rapports sexuels si l'on souhaite recommencer une deuxième fois. **Ce détail pratique diminue le risque de grossesse, même s'il ne le réduit jamais à zéro.**
Signalons encore qu'éviter une grossesse est une chose, éviter une infection sexuellement transmissible (IST) en est une autre. Le retrait ne peut pas éviter ce risque d'IST. Il est donc, bien entendu, conseillé d'utiliser systématiquement un préservatif.
Encore un détail : une femme enceinte, c'est un bonheur quand un enfant est désiré dans le couple. Quand on fait l'amour, on ne cherche pas toujours à éviter une grossesse. ■

Trois jeunes copains en vacances dorment sous la tente. Au petit matin, l'un des trois raconte aux autres :

- J'ai rêvé qu'on me caressait le zizi !

Un des autres s'exclame :

- C'est amusant, j'ai fait le même rêve !

Et le garçon qui a dormi au milieu dit :

- Pas moi ! Moi j'ai rêvé que je faisais du ski de fond...

Rêve érotique sous la tente

La nuit, quand un garçon ou un homme dort, il a des érections. Ce phénomène est indispensable, car il permet aux corps érectiles du pénis, en particulier les corps caverneux, d'être bien oxygénés. C'est ainsi que le pénis respire. Un certain temps d'érection journalier est indispensable, sinon ces corps érectiles, mal oxygénés, s'asphyxieraient.
Certains hommes perçoivent très bien ces érections nocturnes et si vous leur posez la question, ils vous répondent : « Oui, mon érection fonctionne très bien la nuit. »
D'autres, au contraire, n'en ont absolument pas conscience et vous répondent : « Moi, la nuit, je dors, mais je ne sais absolument pas si oui ou non j'ai des érections. » Pourtant, ils en ont tous... et à tous âges. L'oxygénation n'est pas le seul intérêt de ces érections. Elles sont aussi importantes pour garder au pénis toute son élasticité au niveau des corps érectiles. C'est pour cela que dès la naissance, et même avant, les petits garçons ont déjà des érections. Les corps caverneux et spongieux préservent ainsi leur élasticité jusqu'à l'âge des premières relations sexuelles.
Et puis, même lorsque l'âge de la vie sexuelle active arrive enfin, il faut entretenir le fonctionnement du pénis. Chaque homme peut en effet connaître des périodes de vie sans activité sexuelle.
À ce moment-là, les érections nocturnes sont essentielles pour préserver la fonction et pouvoir par la suite reprendre une sexualité.
Contrairement à ce que l'on imagine souvent, les érections nocturnes ne sont aucunement liées à des rêves érotiques. Non, même un rêve tout à fait ordinaire, comme de faire du ski de fond, s'accompagne d'érection. Mais, si au moment du rêve érotique un petit quelque chose se produit, un rêve érotique peut en résulter. Ici, dans cette histoire, il s'agit d'un contact. Ce contact arrive à la conscience du cerveau dans le rêve et s'y intègre... ■

Un nouveau facteur hésite à pénétrer dans le jardin d'un pavillon de banlieue défendu par un effrayant bouledogue.
- Ne craignez rien, lui lance la propriétaire de l'animal, je l'ai fait couper.
- Mais, fait le jeune facteur, la seule chose dont j'ai peur, c'est d'être mordu !

Agressivité canine

Les hormones mâles, fabriquées par les testicules, sont des hormones sexuelles qui stimulent le désir. C'est la raison pour laquelle on propose, dans certains pays, une castration chirurgicale (ablation des testicules) ou chimique (elle met au repos la fabrication de ces hormones) aux agresseurs sexuels comme les pédophiles. Quand on ne sait pas les soigner, plutôt que de les envoyer à vie en prison, il paraît peut-être parfois plus humain de choisir ce type de méthode.
Ces pratiques sont extrêmement contestées, car elles apparaissent comme une mutilation. Mais si cela est

très contesté pour les humains, cela l'est beaucoup moins pour les chiens. Un chien castré ne va pas courir après les chiennes en chaleur et encore moins après les facteurs. Le facteur n'a donc pas besoin d'avoir peur d'être violé par ce bouledogue.

Il existe une très forte relation entre sexualité et agressivité. Car la testostérone, en plus d'être une hormone sexuelle, est aussi une hormone d'agressivité. Ainsi, des manifestations d'agressivité peuvent dégénérer en expression sexuelle, comme cela se produit dans les viols collectifs, par exemple, en temps de guerre. Il ne s'agit pas vraiment d'un désir sexuel dans le sens où nous l'entendons habituellement, mais d'une pulsion agressive qui vise à écraser l'autre, à l'humilier.

Un autre cas est celui d'un homme qui devient dépendant à la pornographie. Il existe alors quasi systématiquement une escalade vers la recherche d'images sexuelles de plus en plus agressives. C'est ainsi que castrer un chien mâle va diminuer l'expression de sa sexualité, mais aussi de son agressivité, et c'est bien ce qui est recherché.
Si les femmes sont moins agressives que les hommes (moins de femmes en prison pour violences et crimes sexuels), cela ne signifie pas qu'elles gèrent mieux leurs pulsions que les hommes, mais qu'elles le font différemment. Chez les femmes, ces pulsions les portent moins à agir et se retournent contre elles, entraînant beaucoup plus de dépressions, tandis qu'un homme va plutôt devenir agressif envers les autres ou envers lui-même (suicide). ■

Une femme toute petite va consulter un gynécologue :
- Docteur, c'est terrible : chaque fois qu'il pleut, j'ai l'entrecuisse qui me brûle, j'ai le sexe en feu !
Le médecin l'examine.
- Je ne vois rien de particulier, aucune inflammation. Revenez me voir quand il pleuvra.
- OK.
Huit jours plus tard, alors qu'il pleut des cordes, la jeune femme revient chez le gynécologue.
- Docteur, c'est épouvantable, ça me brûle, je suis encore en feu !
- Allongez-vous.
Après l'avoir examinée, il dit :
- Ne bougez pas. Je vois ce que c'est !
Il va chercher un instrument et « crac, crac, crac » !
Elle l'entend opérer. Deux minutes plus tard, il lui dit :
- C'est terminé. Levez-vous et marchez.
La jeune femme se lève, fait quelques pas et s'écrie :
- Je n'ai plus mal, plus du tout ! Docteur, vous êtes extraordinaire !
- N'exagérons rien ! J'ai simplement raccourci vos bottes. en caoutchouc !

Le sexe en feu

Les femmes ne sont pas si idiotes, tout de même ! C'est ce que vous croyez peut-être, mais si vous interrogez un médecin, vous risquez d'être surpris. Un ami gynécologue me raconte : « Je vois sans arrêt des femmes qui ont des irritations à la vulve. La plupart du temps, c'est après un week-end dans un centre de vacances familiales type Center Park, elles se baignent dans le chlore, font du vélo avec un maillot de bain en polyamide et lycra, ça frotte, ça frotte... et comme en plus, elles utilisent un détergent pour leur toilette intime, elles reviennent de week-end la vulve en feu. Et le mari ajoute parfois : « à chaque fois qu'on va en week-end à Center Park, tu refuses de faire l'amour... quand je pense que les sexologues préconisent de prendre des petits week-ends en amoureux ! »

Aussi les médecins insistent-ils pour expliquer que, malgré les publicités pour les produits d'hygiène intime, le meilleur ami de la femme est la douche d'eau tiède, sans aucun savon ni produit chimique. L'eau pure nettoie et n'est pas irritante pour les muqueuses. Et elle suffit. Autre exemple vécu dans le même style : une jeune fille téléphone, lors d'une émission radio, pour expliquer que son sexe la brûle terriblement, en arrière du vagin... « Portes-tu un string ? » demande l'animatrice qui n'est pas née de la dernière pluie. Hé oui ! Le fil du string frotte toute la journée à un endroit sensible. Avec une semaine de large culotte de grand-mère en pur coton blanc, cette zone fragile pourra enfin respirer. Comme quoi, le bon sens, ça n'est pas toujours si évident. ■

Un couple marié depuis quinze ans s'entend très bien et a toujours eu une vie sexuelle très satisfaisante. Un soir, après avoir fait l'amour, l'homme dit à sa femme :

– Tu sais, après nos trois enfants, ton vagin n'est plus aussi étroit qu'il l'était au début de notre mariage et je le sens quand nous faisons l'amour.

Comme il le dit sur un ton plein de délicatesse, la femme ne se sent pas trop vexée. Cependant, elle décide de consulter son gynécologue afin de savoir ce qu'elle pourrait faire contre ce relâchement vaginal occasionné par les accouchements successifs.

Le gynécologue, après l'avoir examinée, lui prescrit des exercices spécifiques pour remuscler la région concernée :

1. Se déshabiller.
2. Placer un miroir sur le sol.
3. S'accroupir au-dessus du miroir, contracter les muscles de la région du vagin et regarder les effets de ces contractions.

La femme rentre chez elle et commence immédiatement à s'entraîner dans sa chambre.

À ce moment précis, le mari entre dans la pièce. Surpris de voir sa femme dans cette position, il lui demande :

– Eh bien chérie, qu'est-ce que tu fais ?

Elle répond : – Je suis allée voir mon gynéco qui m'a prescrit des exercices pour resserrer mon vagin.

Et son mari lui répond :

– Ah, très bien. Je te laisse travailler tranquillement, alors. Mais fais juste attention à ne pas tomber dans ce grand trou, là au milieu du parquet.

Gym sexuelle

Même si tout ceci est très exagéré, il est vrai que le vagin est toujours étiré lors de l'accouchement par les voies naturelles. Le vagin est habituellement une cavité virtuelle dont les parois se touchent et lors de l'accouchement la tête du nouveau-né, partie la plus large de son corps, fait dix centimètres de diamètre. Il faut bien que ce vagin s'étire pour laisser l'enfant passer. Il s'élargit donc de dix centimètres. Par la suite, il va reprendre sa tonicité, devenir plus souple. Cela se fait progressivement et naturellement. Mais la paroi du vagin n'est pas la seule à avoir été étirée. Tous les muscles qui entourent le vagin ont subi le même sort. Ces muscles, peuvent retrouver plus facilement et rapidement leur élasticité si la femme les fait travailler.
Cela présente deux avantages très importants : le premier est de permettre à cette femme de retrouver plus rapidement des sensations et du plaisir sexuel. Le deuxième est de prévenir les incontinences urinaires, souvenir fort désagréable de certaines grossesses. De plus, **le partenaire ressent lui aussi cette tonicité vaginale lors des relations sexuelles.**

Pour toutes ces raisons, les médecins prescrivent aujourd'hui systématiquement des exercices de musculation du périnée aux jeunes mamans. Malheureusement, elles sont loin de toutes les pratiquer.
Cela dit, même quand le périnée a souffert de l'accouchement, il ne se transforme pas en trou. Il garde ses parois accolées, mais elles sont très peu serrées. Et puis, quand un gynécologue prescrit des exercices, même s'il s'agit bien de serrer les muscles autour du vagin, il n'est absolument pas préconisé de le faire en position accroupie et totalement nue ! Ces exercices peuvent fort bien se faire habillée, assise, debout ou allongée. ■

Un homme blanc dit à un homme noir :
- Ce n'est pas juste, il paraît que vous avez le sexe beaucoup plus long que le nôtre...
- Oui, c'est vrai, mais ce n'est pas génétique. C'est parce que, depuis que nous sommes tout petits, on nous attache un poids au bout du pénis et qu'au fil du temps il allonge.
- Tu crois que ça marcherait à n'importe quel âge ?
- Sans doute, mais je n'en suis pas sûr...
Sitôt dit, sitôt fait. L'homme blanc tente le tout pour le tout et prépare un dispositif d'élongation pénienne. Une semaine plus tard, il croise à nouveau son ami qui s'informe :
- Alors, ça fonctionne, tu as réussi à gagner quelques centimètres ?
- Tu sais, avoue l'expérimentateur, j'ai décidé de frapper fort. J'ai carrément mis des poids très lourds pour que ça soit vraiment efficace et rapide.
- Alors, insiste son copain noir, ça marche ou pas ?
- Je crois que oui : pour la longueur, on ne voit pas encore le résultat, mais il est déjà tout noir...

Réparons l'injustice !

Les idées reçues ont la vie dure. Cette semaine, j'ai reçu en consultation un jeune homme noir très complexé.
– Vous comprenez, quand vous êtes black, on s'attend à ce que vous ayez un sexe de bonne taille...

– Vous voulez dire que le vôtre est trop petit et que ça vous ennuie ?
– Non, en fait, il est normal, mais j'ai peur que ma copine s'attende à ce qu'il soit plus grand que la moyenne...
Comme quoi les idées reçues n'arrangent pas grand monde, y compris ceux qui en sont les apparents bénéficiaires. Pourquoi un homme veut-il un sexe plus grand ? Pour donner plus de plaisir à sa partenaire ?
Bizarrement, non. La plupart des femmes n'en ont cure. En revanche, imaginer que son pénis est trop petit déclenche chez l'homme ce que l'on appelle le complexe du vestiaire. Après le sport, sous la douche, il est angoissé, complexé de se voir comparé. Cela signifie que ce qui l'embête, ce n'est pas la taille en érection, mais au repos. Or la taille du pénis au repos n'a pas vraiment de relation avec sa taille en érection. Certains hommes ont un pénis impressionnant au repos, mais qui grandit très peu, et d'autres un pénis relativement plus petit, mais très extensible.

Une fois que l'on est adulte, on ne peut pas faire grandir le sexe. Aucune crème, aucun exercice ne le font grandir.
Or, des charlatans qui savent qu'un petit pénis peut être un énorme complexe vendent n'importe quoi en faisant croire que si, on peut le faire grossir et l'allonger. Voici quelques méthodes arnaques :
• L'enveloppement chaud : il s'agit de mettre un gant très chaud autour du pénis et des testicules pendant au moins quinze à trente minutes par jour. Le principe : la chaleur dilate. C'est ridicule et dangereux. Si les bains de pieds chauds vous faisaient gagner une pointure de chaussures, ça se saurait. En plus, les testicules détestent la chaleur qui leur est toxique. Vous risquez, au pire, de griller vos spermatozoïdes et de devenir stérile.

• Les exercices de masturbation : si ça faisait grossir le sexe, chacun choisirait sa taille. Aucune manipulation manuelle n'a d'action sur la taille du pénis.
• Les appareils « agrandisseurs ». Il s'agit de pompes à vide appelées aussi « vacuums ». Le principe en est celui de la ventouse. On positionne autour du pénis un tube étanche dans lequel on aspire l'air. Du coup, le pénis gonfle. Cette méthode est utilisée chez les hommes souffrant de troubles de l'érection. Elle donne de bons résultats pour déclencher une érection, mais en aucun cas pour allonger votre verge.
• Les crèmes ou les médicaments. Effet zéro garanti.
• S'attacher un poids au pénis comme dans cette histoire. À part tirer sur votre peau et la rendre plus flasque, personne n'en retire aucun avantage. Et tirer dessus ne changera rien non plus.
• Et toutes les autres arnaques que je ne connais pas, parce que, tous les jours, des petits malins anventent n'importe quoi pour vous soutirer des euros.

Quand on pense que certains sites Internet vous promettent de vous aider à avoir un sexe de cinquante centimètres de long et de vingt centimètres de diamètre, autant vous faire greffer une trompe d'éléphant, ça ira plus vite. Et si c'était possible d'en arriver à de telles tailles, dites-moi pourquoi Rocco Siffredi, le célèbre acteur X, en a une plus petite que ça ? C'est bizarre, non ? Mon conseil : au lieu de passer votre temps à se le mesurer, les hommes feraient mieux d'apprendre à bien utiliser leur sexe, ce serait plus intelligent. ■

Un homme est devant une banque... Il se cagoule, sort son flingue et entre pour agresser la standardiste.
Il lui dit : – Mène-moi au coffre, sinon je te tue.
Elle s'exécute, lui ouvre le coffre et voilà, ce sont des éprouvettes de sperme.
– Vous voyez, ce sont des éprouvettes de sperme.
Il lui répond :
– Je m'en fiche, prends-en une et bois...
Elle, paniquée, en boit une puis deux puis trois.
Au bout d'un certain nombre, elle s'exclame :
– Mais ayez pitié, laissez-moi tranquille.
Pourquoi faites-vous ça ?
Et lui enlève sa cagoule et lui dit :
– Tu vois, chérie, quand tu veux, tu peux !

Un homme prêt à tout

Avaler le sperme est, pour de nombreuses femmes, une idée horrible. Peut-être parce que ce fluide leur paraît quelque chose de sale et de mauvais. Pourtant, il s'agit d'un liquide très précieux, absolument magique, capable de participer à la conception d'un enfant. Il ne contient pas de microbes, il est tout à fait propre.

Pourquoi ce dégoût ? C'est que le sperme passe par le même chemin que l'urine. L'urine elle aussi est propre, sans microbes, mais il s'agit bien d'un liquide d'élimination des toxines, qui contient donc des déchets du corps. Une femme peut donc ressentir un recul à l'idée d'avoir dans la bouche du sperme.

Pourtant, avant que le sperme ne passe par l'urètre, il y passe le fluide des glandes de Cowper qui a pour rôle de nettoyer ce canal avant que

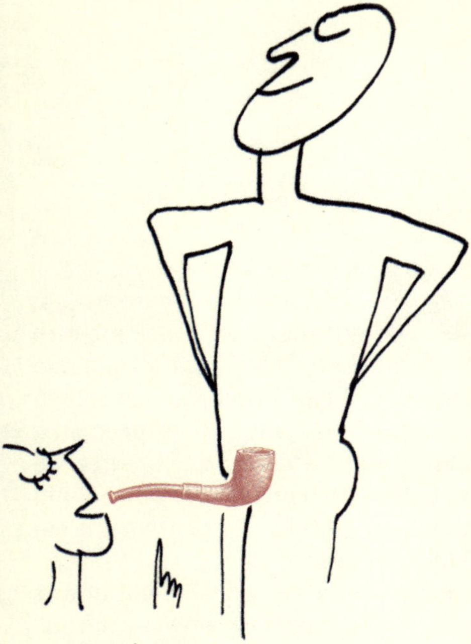

ceci n'est pas une pipe

le sperme n'y arrive. Il n'y a donc pas d'urine dans le sperme, même pas des traces. Ici, il semble que l'homme désire absolument que sa femme avale son sperme. Cela me paraît aberrant. Ce qui peut procurer du plaisir à un homme dans la fellation, ce n'est pas que sa partenaire avale son sperme. Cela ne change rien pour lui. Ce qui est stimulant physiquement, c'est que sa partenaire caresse son sexe avec sa bouche, que le contact soit intime et excitant.

Un homme peut toujours se retirer à temps pour éjaculer en dehors de la bouche, si sa partenaire n'aime pas du tout cette pratique. Le couple peut aussi utiliser un préservatif qui évite de se poser ce genre de questions. Le sperme étant un fluide susceptible de transmettre des infections sexuellement transmissibles comme le sida, il est préconisé de l'utiliser tant que l'on ne connaît pas le statut sérologique de l'autre.

Il est absolument abominable de forcer l'autre à faire quelque chose qu'il n'aime pas.

Une femme que son partenaire obligerait à avaler du sperme risque d'être dégoûtée à vie. On n'obtient jamais rien ainsi, sinon de renforcer les réticences de l'autre. Et cela est vrai pour toutes les pratiques sexuelles. ■

Un juge avait une concubine avec laquelle il pratiquait le *coïtus reservatus* (méthode du retrait pour éviter une grossesse). Il arrive chez elle très affecté. Elle lui demande ce qui ne va pas. Il répond que l'on vient de lui retirer sa charge de juge. Elle éclate de rire et lui dit : « Goûtez, maître, l'amertume du retrait de jouissance, car vous me l'avez suffisamment fait goûter. »
Anecdote racontée dans le *Kama Sutra* arabe de Malek Chebel

Chacun son tour d'être frustré.

Si la méthode du retrait est déconseillée, c'est surtout parce qu'elle est difficile à pratiquer de manière sûre lorsque l'on souhaite éviter une grossesse. Mais on peut ressentir une autre réticence à pratiquer cette méthode : elle est frustrante. Elle l'est de toute évidence pour l'homme qui, au lieu de se laisser emporter par son plaisir, doit tout contrôler et penser, au moment le plus fort émotionnellement, à se retirer.

Est-ce aussi frustrant pour la femme ? Pas toujours, car un grand nombre de femmes n'atteignent pas l'orgasme par pénétration, mais plus facilement par des caresses sur le clitoris. Cependant, même sans aller jusqu'à la jouissance de l'orgasme, la plupart des femmes ressentent un grand plaisir lors de la pénétration. Et l'intérieur du vagin est sensible à la pression exercée sur ses parois. C'est une notion essentielle. Car le moment de fermeté maximale du pénis, l'instant où il est le plus dur – le plus susceptible de procurer un grand plaisir à la femme –, se produit juste avant l'éjaculation. Et la femme ressent très bien cette augmentation de fermeté de l'intérieur de son vagin. Sa frustration à elle ne viendra pas spécialement du fait qu'elle est privée de sperme en elle, mais plutôt qu'on lui retire l'instrument qui lui procure du plaisir au moment où ce plaisir devient plus important. Il peut bien sûr s'y ajouter un plaisir psychologique de recevoir en cadeau un « lâcher-prise » émotionnel de son partenaire. C'est tout cela qu'exprime cette concubine... ■

Une fille et son copain vont dans un bar. Elle lui dit qu'elle a entendu parler d'un tout nouveau drink merveilleux et qu'il devrait essayer.

Curieux, il accepte. Elle lui commande deux verres, le premier contient une mesure de crème de Bailey et le second contient une mesure de jus de citron. Elle lui donne les instructions suivantes :

– Tu prends une gorgée de Bailey que tu gardes dans ta bouche. Ensuite, tu bois le jus de citron et tu gardes le tout le plus longtemps possible dans ta bouche.

Cela lui semble bizarre, mais il décide d'essayer.

Tout d'abord, le Bailey : il a une agréable impression de chaleur, de douceur, de texture crémeuse et une bonne impression en bouche.

Puis, le jus de citron :

Après un dixième de seconde, la crème de Bailey caille.

Après trois dixièmes de seconde, la figure du garçon a la couleur du jus de citron.

Après six dixièmes de seconde, le garçon hésite entre vomir ou avaler la solution. Il décide d'avaler.

Après une seconde et demie, elle lui dit doucement à l'oreille :

– Cette boisson s'appelle la « revanche de la pipe ».

Essaie de me comprendre !

De nombreuses femmes refusent de recevoir du sperme dans la bouche, parfois parce qu'elles imaginent que c'est sale, mais souvent aussi parce qu'elles en trouvent le goût détestable. Quand leur partenaire insiste lourdement, des sexologues leur conseillent parfois un truc extrêmement simple : « Demandez à votre homme de goûter lui-même son sperme. » Certains hommes l'ont déjà fait par curiosité, certains l'expérimentent alors et la plupart admettent qu'il est loin d'avoir une saveur délicieuse.

Ceux qui refusent de se prêter à cette expérience ont ensuite mauvaise grâce à demander à leur partenaire de faire ce que eux refusent.

D'où, peut-être, le nombre de sites Internet qui vendent des produits pour changer le goût du sperme. Mais là, c'est encore une autre histoire. J'avoue que je n'y crois guère, sachant que certains commerçants sont prêts à n'importe quoi pour gagner de l'argent. Un de mes collègues voulait faire une étude sur ce sujet pour répondre à la question suivante : « Existe-t-il des aliments ou substances qui modifient le goût du sperme ? » Je ne connais pas la réponse, en tout cas la réponse scientifique.

Si le sperme donne envie de vomir à certaines femmes, ce n'est pas forcément à cause de son goût, de sa consistance, ni même de l'idée qu'elles s'en font. Cela peut simplement venir du fait que si vous enfournez un pénis dans votre bouche très profondément, cela stimule le réflexe nauséeux. Ce réflexe signifie simplement que votre corps refuse cette pénétration trop profonde pour lui. Il vaut alors mieux l'écouter que de chercher à l'obliger à agir d'une manière qui ne lui convient pas. ■

Une jeune fille au médecin :
- Docteur , je crois que j'ai de l'eau dans les seins !
- De l'eau ? Mais qu'est-ce qui vous le fait penser ?
- Eh bien, chaque fois que mon petit ami met sa main sur ma poitrine, j'ai ma culotte qui se mouille...

Humidité réflexe

Les seins sont une zone érogène très sensible. Une stimulation des seins, à condition qu'elle soit bien faite, provoque systématiquement une lubrification chez la femme et une érection chez l'homme. C'est ce qu'ont démontré les célèbres sexologues américains Masters et Johnson.
Cette jeune fille observe un phénomène naturel, tout en pensant être anormale. Le plus ancien témoignage de la connaissance de ce phénomène date peut-être de Léonard de Vinci. Le génie a réalisé une étude anatomique où les seins sont reliés au vagin par une sorte de tuyau. Il se trompait sur l'anatomie, mais non sur le fonctionnement de ces organes.
Si ce tuyau n'existe pas, la relation, elle, est bien présente et elle est réalisée par les hormones qui circulent dans le corps : une stimulation des seins provoque un largage d'hormones qui vont passer dans le sang pour aller agir au niveau du vagin.
La consultation de cette jeune fille témoigne bien de l'ignorance dans

laquelle sont laissés certains adolescents, alors même que les adultes pensent que les jeunes sont très informés.

Un autre témoignage tout récent va dans le même sens. Il vient de mon courrier des lectrices et je ne change pas un mot (seulement les prénoms) : « Je m'appelle Anna et j'ai un énorme problème. Quand je vois Julien, un mec de la classe, eh bien, j'ai comme un liquide gluant qui sort de mon sexe. Mes amies m'ont dit que c'était la muqueuse vaginale, est-ce vrai ? Si oui, comment faire pour lui dire que je l'aime et lui raconter ma maladie car j'ai peur qu'il me prenne pour une folle. Alors, est-ce que je pourrais avoir un conseil ? » ■

Une grand-mère approche de la mort, son vieil époux à ses côtés... Elle lui demande :

- Va dans le grenier, au fond à gauche, tu trouveras une boîte...

Il monte au grenier et y découvre, sous la paille, une petite boîte dans laquelle il trouve trois œufs, et cent cinquante mille euros... Il revient près de sa femme mourante, et l'interroge :

- C'est quoi ces trois œufs ?

Elle répond :

- Chaque fois que je n'avais pas d'orgasme avec toi, pendant ces cinquante ans d'amour, je mettais un œuf dans cette boîte...

Lui, très fier de n'y trouver que trois œufs en cinquante ans d'amour, demande alors :

- Et ces cent cinquante mille euros ?

- Chaque fois que j'en avais une douzaine, j'allais les vendre au marché...

L'orgasme à tous les coups ?

Une grande interrogation des hommes, jeunes ou moins jeunes, est : « Comment savoir si elle a eu un orgasme ? Si elle a vraiment eu un orgasme ? Quels en sont les signes ? » Cette question revient toujours dans les questions au sexologue, tant en consultation que dans les courriers ou les émissions de radio. Il n'est pas facile pour un homme de comprendre le fonctionnement féminin.

L'orgasme féminin est généralement plus difficile à obtenir que l'orgasme masculin. Comment se manifeste-t-il ? Physiquement, il s'agit de contractions involontaires et rythmiques des muscles situés autour du vagin. Elles sont au nombre de trois à douze, séparées d'environ sept dizièmes de secondes, et sont plus fortes et plus rapprochées au début, puis vont en s'espaçant et en s'amenuisant. Plus le niveau de l'excitation est élevé et plus ces contractions sont puissantes et nombreuses. Pour un homme, ce n'est pas très évident à observer puisque des contractions vaginales, cela se sent plutôt de l'intérieur. Si une femme pousse des soupirs, des cris... qu'elle extériorise son plaisir, cela se perçoit plus.

Ainsi, certaines femmes manifestent très visiblement leur plaisir (simulé ou non), quand d'autres jouissent en silence et discrètement. Je me souviens d'une patiente très ennuyée. Elle m'expliquait que n'ayant jamais eu d'orgasme, elle simulait assez bruyamment. Et puis un beau jour, l'orgasme est arrivé par surprise, à plus de 35 ans. Alors, elle n'a plus jamais simulé. Le problème, c'est qu'elle ne ressentait plus le besoin de faire du bruit. Et son mari, très déçu, lui disait : « Je ne comprends pas, avant, tu avais beaucoup plus de

plaisir que maintenant. » Elle ne savait que lui répondre, car elle n'avait pas envie de lui annoncer qu'elle avait simulé pendant des années et que maintenant, elle ressentait réellement du plaisir.
Une fois expliqué cela, on ne sait pourtant pas grand-chose sur le plaisir féminin. **Une femme peut très bien être comblée par un rapport sexuel même si elle n'a pas eu d'orgasme.** Elle ne se sent pas obligatoirement frustrée, ce qu'un homme a souvent beaucoup de mal à imaginer. C'est même parfois le contraire. Un patient m'explique ainsi que sa femme lui a dit un jour : « Ce n'est pas drôle d'être une femme : il faut absolument jouir à chaque fois. Quelquefois j'aimerais bien faire l'amour tout simplement, même si je ne jouis pas. Parce que, quand je suis fatiguée, je suis obligée de me concentrer, de faire un effort pour arriver à l'orgasme et ce n'est pas très agréable. Il a alors réalisé que, pour lui, faire l'amour sans que sa femme aille jusqu'à l'orgasme était impensable et qu'il se donnait beaucoup de mal pour arriver à cet idéal. Pendant ce temps-là, son idéal n'était pas celui de sa femme, plutôt fatiguée par son désir de performance dans le 100 %. L'amour sans orgasme, ça peut être pour une femme, un bon moment, reposant et positif, même si la jouissance sexuelle est toujours bienvenue aussi. ■

Table des matières

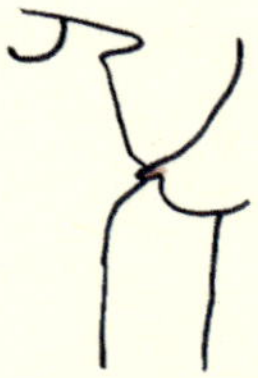

Fabriqué en Italie